与最聪明的人共同进化

湛庐 CHEERS

HERE COMES EVERYBODY

乔布斯、禅与投资

Steve Jobs, Zen and Investment

李国飞 著

宗教文化出版社

你对个人进化的心法了解多少?

- "苹果之父"乔布斯一生推出多个颠覆性产品,他强大的现实扭曲力场主要来自高远的愿力和强大的创新力。这是对的吗?( )

  A. 对

  B. 错

扫码获取全部测试题及答案
看看你对个人进化的心法
了解多少

- 相比于学历、经验、技能、执行力等,从愿力、专注力、创新力和洞察力四个指标加以衡量,才能更好地评估一个人的能力和潜质。这是对的吗?( )

  A. 对

  B. 错

- 你以为自己看到的世界非常客观,其实它只是你内心由专注而产生的主观投射。这是对的吗?( )

  A. 对

  B. 错

扫描左侧二维码查看本书更多测试题

守本真心，得大自在

——邱国鹭

高毅资产董事长

在我认识的人中，国飞的爱好算是十分广泛的。他刚爬完非洲第一高峰——乞力马扎罗山，又到南美洲加拉帕戈斯群岛潜水；刚去北极看完极光，又到南美洲拍蜂鸟；刚累死累活地参加完中国台湾铁人三项赛，又到缅甸参禅问道，寻求心灵的宁静。难得的是，他虽然爱好如此广泛，但在几个领域里都颇有建树。除了在禅修上小有心得，他不仅是深谙基本面分析之道的资深投资人，也是索尼世界摄影大赛"自然及野生动物"组别的冠军。朋友们戏称他为投资界最懂摄影的和摄影界最懂投资的人。

过去这十年，我在现场听过国飞的几次讲座，每次都深有感触，受益匪浅。几年后，回头再看那些思考，有些应验了，有些没有完全实现，但都体现了他深刻的洞察力。再次读来，依然深有收获。

一个跨界的人，写了一本跨界的书，横跨投资、摄影和禅等几个主题。这些主题看似风马牛不相及，其实背后的底层逻辑是相通的。对禅的参悟和领会，使人更容易有宁静的心灵、客观的心态，更容易拥有超乎世俗的视角，这种超脱的视角不仅有益于投资时眼光独到地挑选公司，对摄影时取景、构图、立意也同样不无助益。反过来，走遍天涯海角去亲身体验各种自然美景的震撼，调研各类上市公司去亲身见识百样人做千样事，同样对禅的参悟有莫大的帮助。这几个领域的修习，都需要类似的底层思维能力，都能培养专注力、洞察力，最终形成一种强大的"心力"。"心力"足够强大，就能使人爱好广泛却多而不杂，能够

对每一项热爱之事都专心致志，对每一次活动都全力
以赴。

　　我熟悉的成功投资人，没有一个是不爱读书的。
热衷于"行千里路"之余，国飞也爱好"读万卷书"。
本书旁征博引，可以看出国飞好读书、爱思考，对生
态系统、组织活力和科技演进都有深刻思考。《失控》
（*Out of Control*）一书的作者凯文·凯利（Kevin
Kelly，常被称为"KK"）是世界著名科技杂志《连线》
的创始主编，被誉为当代"科技先知"。他是国飞很推
崇的思考者。KK 认为世界的本质是连接，每一个节
点的属性，都可以用它的连接来描述。马克思说，人
的本质是一切社会关系的总和。公司又何尝不是呢？
优秀的公司，是与客户连接最牢固、用户最离不开的
公司。拥有最强的用户黏性、占据最大的用户心智，
是公司拥有护城河的体现。优秀的公司，有"反脆弱"
的特性，即使犯了错误，也有足够的腾挪空间和时间

进行纠错，给人"厚"的感觉。没有护城河的公司容易给人以"薄"的感觉，仿佛是纸糊的城堡，"吹弹可破"。

然而，科技进步日新月异，社会变迁一日千里，静态的护城河在快速变化的环境中有可能被迅速地弱化甚至彻底地摧毁，昨日的伟大公司也可能由于内部组织的僵化或者核心团队的怠惰而失去原本一往无前的锐气。基于此，国飞认为应该关注静态护城河之外的公司进化力和熵减力。

KK 提倡的"失控"，是一个顺其自然、物竞天择、万物生长的生态体系。打造一个良好的生态环境能够让组织具有自我学习、自我进化的能力。然而，当公司大到一定程度，难免有一些团队成员会因为已经功成名就而失去斗志、开始懈怠，导致整个组织失去活力。这就是许多大公司面临的"熵增"现象。这时候，有"熵减力"的公司，能够通过设立新目标、开拓新领域来激发组织活力，招收更多"胸怀大志、一贫如洗"的新生力量；通过灵活高效的考核机制来创造势能、制造"温差"，让团队和组织齐心协力向同一个"城墙口"发起持续冲锋。这本质上是一种与"失控"对立又统一的"控制"。"失控"与"控制"各有优劣，又对立统一。如何掌握两者的平衡之道，如何有机结合，每个能够持续保持活力、创新力的大公司自然又是各有机巧。在现在的社会环境中，大公司很难单靠垄断的市场地位或者静态的护城河"躺赢"。公司必须不断进化，持续熵减，让组织和团队都不懈怠，才能跟上时代进步的步伐。

　　在社会环境快速变迁的大背景下，禅修体现的是一种心灵的宁静，体现了对事物内在规律有了终极了解之后淡然置之的会心一笑。投资的人常感叹市场多变、惊涛骇浪、波澜起伏；有成就的修行者则在面对人生无常、旦夕祸福时更加释然。资本市场是千变万化的，有各种幻象、表象。它们跟事物的内在本质不一定吻合，但是在一定阶段内，或鱼龙混杂、鸡犬升天，或泥沙聚下、草木皆兵。这时，只有拥有清澈的心灵、坚定的"心力"，才能在极端的"无常"中，找到相对不变的"常"，才不会随波逐流、人云亦云。然而，又不该过于执着于静态的"常"，如果环境发生了根本变化，原来的"常"已经不适应变化之后的环境，就不能再执着于之前的状态，而是要接受现实、欣然面对。有所坚持，也与时俱进；因时而变，却又万变不离其宗，能够识别并且坚守那些能够跨越时空、颠扑不破的"常理"和"常识"。人性贪婪与恐惧、市场暴涨与急跌，每次的原因都不同，但每次的结果都相似。一个成功的投资人，一定对"一因多果"和"多因一果"有深刻的认识。"一切有为法，如梦幻泡影，如露亦如电，应作如是观。"见怪不怪，才能有宁静的心灵。禅修，修的恰恰就是这种淡然和释然的态度。

推荐序一　守本真心，得大自在

不久前的一个周末，我在一位企业家的办公室喝茶，看到墙上挂着两幅字："守本真心，得大自在。"他说字是从庙里面看到的。国飞很推崇乔布斯和巴菲特。乔布斯所说的"Follow your heart"，翻译成"守本真心"，也是很贴切的。巴菲特一直强调在投资中要坚守"能力圈"，但我们在学习新知识、研究新领域的过程中，却不能以"能力圈"为借口让自己画地为牢。人的知识圈、能力圈的扩大，就是不断打破一个较小的牢笼，进入一个更大的牢笼的过程。只有不断打破牢笼、自我突破，才能够"得大自在"。一个人境界的高低、格局的大小，往往决定于他所处的"牢笼"的大小。乔布斯的"现实扭曲力场"，就是一种强大到足以改变现实牢笼的"心力"。这种"心力"强大到能够打破眼前现实困难的羁绊，激励团队朝着更高、更远大的未来"远景"持续努力。朋友们经常觉得国飞的日子过得很逍遥、很洒脱，他有很多时间追求自己的爱好，其实这是因为他在不断打破自己的牢笼，所以才能活得很"自在"。

对每一个爱好都全力以赴，对环境的变迁淡然面对，对身外的事物拿得起、放得下，不断地进化和熵减，"守本真心，得大自在"，这是我从这本书中看到的一种豁达态度。

投资要处理好『贪、瞋、痴』

—— 陈光明

睿远基金创始人

国飞兄是中国基金业最早的投资总监之一，作为老十家基金公司的创始团队成员，他见证了中国基金业的迅猛发展。自2002年离开基金业后，他以一种更加平和洒脱的方式从事投资管理工作，投资成绩斐然。

国飞兄作为投资界和基金界的前辈，一直在不停地探寻投资的真谛。这几年，他的主要精力都放在寻找这个时代最优秀的企业身上，他对互联网行业的研究深度超出市场中绝大多数投资人。国飞兄2018年撰写了"全面反思腾讯的战略"，这篇文章当时在腾讯内部引起了很大的反响，甚至在市场上也有相当大的反响。足见作为一个非互联网从业人员，他对互联网行业的认知多么深刻。他对这个时代新兴行业中最优秀的头部企业进行深度研究，在此基础上做出投资决策，投资业绩非常理想。这种投资理念与柏基投资公司的超级成长股投资理念相似。他在深度研究并借鉴中国互联网行业的商业规律和商业模式的基础上，近两年开始研究并投资海外互联网行业的头部企业，也取得了优异的成绩。这种投资方法论完全符合本书提到的进化原则。

国飞兄不仅仅是一位投资大家，更难能可贵的是他的哲学思考以及禅学修行。在投资领域，从业者每天处理大量的金钱交易，市场每天波动巨大，对人性的挑战极大。如果不能处理好"贪、嗔、痴"等干扰因素，要做好投资难上加难。纵使一段时间内做好了，如果不能克服贪婪、恐惧、嫉妒、嗔恨和愚蒙，赚到的收益就一定会还回去！当然，比起投资成功本身，投资大师都会思考：我们为什么要做投资，投资对社会的意义是什么，如何从顶层的视角去看待投资事业，以及如何参与这个事业。从投资人生的角度，还要思考人生的意义是什么。

在这些方面，我和国飞兄有数次交流。他的哲学思考和佛学修行，是他活得非常通透的法宝，我深以为然。他对佛学的研究造诣很深，对很多重要的理论问题都进行了深入思考。他认为工作是最好的修行道场。在本书第一章，他对缘起性空的深入分析让人信服。他提到心有四力——愿力、专注力、创新力和洞察力，并以乔布斯为例说明禅修能够打破条条框框，从而极大地提升蕴含于心的能量。他系统地阐述了如何把禅的智慧运用到投资实践中，我读后深受启发。

总之，国飞兄是我们行业有深度、有才华，并且非常通透的投资大家。阅读本书，您将收获满满！

此为序！

我们与乔布斯的缘分

——释永由纪夫
日本陶艺大师

2019 年底，我有幸在（日本）富山老家认识了来自中国的李国飞先生。我们进行了面对面的交流，之后我仔细阅读了他的作品《乔布斯、禅与投资》，得知他与对禅学有极深造诣的乔布斯先生很有缘分，这和我的人生有一些相似之处。因此，当李先生邀请我为他的新书写一篇推荐序，并说希望我能在推荐序中细述一些我与乔布斯先生相交的往事时，我欣然同意了。

我与乔布斯先生结缘于 1996 年 4 月 6 日。那天我正在京都办个人展览，乔布斯先生则是在京都度假时偶然遇上而进来展厅参观的。那天之后，乔布斯先生和劳伦娜女士连续三天都在早上过来看展，每次都待上一个多小时，询问关于陶土、窑等的各种问题。到了第三天，他们向我表示要收藏我的作品（见图0-1）。

图 0-1　乔布斯先生第一次收藏的黑釉茶碗

注：本推荐序中的图片均由释永由纪夫先生提供。

记得第一次见面时，他送给我一本画册，内容是动画片《玩具总动员》的制作花絮，里面还有电影设计原图（见图 0-2）。他说："这是我做的。"当时我还以为他是印刷这本画册的公司的老板，我很礼貌地跟他说了一声"谢谢"，然后就把画册放在一边了。未想到他兴致勃勃地把画册拿起来翻开给我看。我有些不知所措，便指着画册中的玩具牛仔胡迪，对他说："这个戴着西部牛仔帽的男孩很像你。"他很害羞地露出了微笑。

自此之后十多年时间，乔布斯先生年年都订购我的作品。最初我还没有电子邮箱，与他们夫妻俩的沟通都是通过书信。他们会在信中表达对作品的感想以及感谢。有一次，他们往我家里打电话，来电时间是日本时间早上 7 点。我的英语听说并不流利，但阅读相对好一些，所以我对他说能否以发传真的方式进行沟通，他说没问题。约半个小时后，我就收到了他发来的传真。在这之后，我们就经常以传真的方式进行联系。十多年间，我和乔布斯先生多次对茶碗、盘子、花瓶等作品的设计交流意见。现在回想起来，这些都是特别美好的人生回忆。

图 0-2　乔布斯先生赠送给我的《玩具总动员》画册

下图（图 0-3）这只挂分四角器皿是我设计的。在最早的版本中，它的四个角是直角。我通过传真发给乔布斯先生看，他给我提了一个意见，说希望四个角是圆润的，我接受了他的修改意见。多年后，我的朋友告诉我，乔布斯先生设计的苹果手机的 App 图标，尤其是"Notes"图标（见图 0-4），和这个挂分四角器皿太相似了。我仔细对比了一下，会心一笑。乔布斯先生最令人敬佩之处，是他能够把艺术与科技很好地融合。

图 0-3　挂分四角器皿

图 0-4　苹果手机"Notes"图标

推荐序三　我们与乔布斯的缘分

这些年来，我听不少人说乔布斯先生对设计是非常讲究的。为什么他长年钟情于我的作品呢？老实说，开始时我并不明白，后来我得知他原来是一名虔诚的禅宗信徒并对禅非常执着时，才恍然大悟。

我从小就对陶艺充满热爱，正是由于热爱，所以我深切感受到生命的意义。我希望能通过土、火焰，甚至窑变等偶然发生的事情来追求美。于陶土中创作，内心保持无杂念，并且从自然界的一切中感悟真理。为了达到此目的，我认为心需要像一个巨大的容器一样，不分上下、左右、前后，既不错过一切，又接受一切，从而进入"无"。这意味着要摆脱一切多余的东西。在这种状态下，我内心无拘无束，灵感泉涌，喜悦充盈。在这一点上，我的创作方式与"禅"或许有共通之处。

我与李国飞先生结缘于 2019 年 12 月 21 日。那天，他经我女儿的朋友介绍从东京风尘仆仆地来到我的富山老家。他问了我很多与乔布斯先生交往的细节。从他炽热的目光中，我感受到他对乔布斯先生的热爱。他说他竭尽心力写了一篇有关乔布斯先生与禅的文章，获得了很大反响。

下图（图0-5）这只蓝苹果大盘子，是我与乔布斯先生交往频繁后，于1999年制作的。那时候乔布斯先生刚回归苹果公司不久，而我自己本身也喜欢苹果。我为乔布斯先生制作过各种盘子，这一款是我最喜欢的。我认为"蓝色"是一种很有魅力的颜色。在日语中，"蓝色"有"未成熟"的意思。对我来说，未成熟的事物充满了各种可能，会让人迫不及待地想看到它的成长，越是这样越让人感到它的可爱和美丽。我制作了一批蓝苹果盘子，这一只我一直留在身边，作为和乔布斯先生交往的纪念。李国飞先生看后说他非常喜欢，那时不知为何，我突然觉得这只蓝苹果盘子与他有缘。当我亲手把这只盛满感情和回忆的盘子交到他手上的那一刻，我既不舍又喜悦。我希望乔布斯先生的精神能够继续传承。记得当时，我还突然想起，多年前乔布斯先生曾说想到我老家来看看窑，我也很想带他在我老家旁边的立山散散步，但可惜出于各种原因一直没有成行，这是我心中很大的憾事。

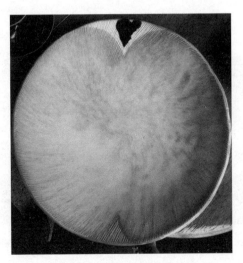

图 0-5　蓝苹果盘子

　　那天与李国飞先生的谈话很愉快（我们的合影见图 0-6），许多与乔布斯先生共同经历过的往事像放电影一样浮现心头。26 年前，我偶遇了 40 岁的与我同龄的乔布斯。他注视着我，我也不甘示弱地注视着他。这个场景，我至今都无法忘怀。

图 0-6　李国飞先生、我及我的女儿、太太在富山老家的合照

　　2021 年是乔布斯先生逝世十周年。为祈望乔布斯先生的灵魂安息，我接受了李国飞先生和 Tim 的建议，特意为乔布斯先生重新制作了两只特别有纪念意义的茶碗——他第一次收藏的茶碗（见图 0-1）和最后一次收藏的茶碗（见图 0-7）。新制作出来的两只茶碗既是旧的，又是新的。说它"旧"，是指它的外形；说它"新"，是指多年后我对陶艺创作的理解又有了新的突破。

图 0-7　乔布斯先生最后一次收藏的黑面取茶碗

"乔布斯先生，你如何看我这次制作的两只茶碗？初看好像和以前的一样，但实际上却已经进化了，对不对？"

他会如何评价呢？

我仿佛看到乔布斯先生脸上和煦的微笑和绅士般温柔的目光。

再次感谢李国飞先生的新作，让我又一次感到，我和乔布斯先生的缘分连绵不断。

最后，衷心祝贺李先生新书出版。

灵山只在汝心头

——释本性

全国政协委员
中国佛教协会常务理事
福建省佛教协会常务副会长
福建佛学院院长
莆田广化寺方丈
福州开元寺方丈

　　李国飞居士是一名成功的投资人，同时又深谙佛理，殊为难得。因一些不可思议的缘分，我读了他的大作《乔布斯、禅与投资》，他对佛法的理解很有深度，也颇有新意。

　　汉传禅法上有名偈曰：佛在灵山莫远求，灵山只在汝心头，人人有个灵山塔，好向灵山塔下修。将人类的外求转变为内求，是佛教的重要价值之一。我们开元寺的山门内侧有块大匾，上书"莫向外求"。如何内求呢？李居士之研究着眼于"心力"。他把心力分为愿力、专注力、洞察力与创新力，探讨如何以禅的智慧提升这四种心力，并应用于工作生活。把艰深的佛理解释得这么通俗易懂，并与实践很好地结合，令人欢喜、赞叹。

大家总认为佛教传统而保守，其实它非常讲究创新，也正是这种创新，才让佛教不断地适应着千年来的变化，让佛教这个金字招牌历久弥新。李居士认为，在工作中大胆创新，以及洞察本质、总结规律，也是禅修实证的重要方式。另外，对于一些科技界最新的研究成果，例如熵减理论、失控理论等，李居士也根据佛法进行了解释。这都是一些有益的探索。我一向认为，今天的佛教界，要将佛教经典进行符合今天时代精神的诠释，服务于今天的时代，是可行的，更是符合佛教发展规律的。这个时代的佛教，必然会有这个时代的特色。

六祖惠能说："佛法在世间，不离世间觉。"汉传禅宗强调"农禅并重""行亦禅，坐亦禅，行住坐卧体安然""禅茶一味"，砍柴挑水，莫不是禅。于是，禅法生活化，禅法融于生活中。李国飞居士从入世的角度研究佛学，导人向善，启人智慧，善莫大焉。期待他能够继续努力弘扬佛法。

目录

三

将心注入，我对摄影艺术的一些思考

/ 181

四

生命之美，冬泳记

/ 213

因缘聚合

这本书记录了我多年来对哲学和投资的一些思考。写这本书的缘起，正如这本书的名字，是我与禅、乔布斯和投资都颇有缘分。

我与禅

先说说我和禅的缘分。禅学的修行，对我的思维方式有非常重大的影响。

我第一次接触禅学，是在大学一年级，当时我看了蔡志忠先生的漫画《六祖坛经》，大开眼界。大学二年级，我申请做了学校图书馆管理员，有一天在书架上看到著名的净土宗创始人慧远的传记《慧远传》，借回宿舍读了又读，虽然半懂不懂，但心生欢喜，做了很多摘录和笔记。工作后，我读了虚云法师、星云法师等高僧大德的很多著作；2002年我离开基金公司时，对未来感到非常困惑，因而求诸佛学，遍读经卷，但不得其法而越读越痛苦消沉，我不得不暂时中止。后来我与一位好友相约系统地学习中国辩证法，非常受益，这让我重新找到了人生的方向，投资也渐入佳境。2008年，我重读《金刚经》《坛经》，越读越有感悟。当年的一个秋夜，我挑打夜读南怀瑾的一本著作《如何修证佛法》。书中写道，有一个居士问道释迦牟尼在菩提树下睹明星而悟道，他究竟悟到了什么。南怀瑾回答说："他悟的就是那个缘起性空。"读到这段文字时，我于一瞬间如有醍醐灌顶之感，恍然大悟，从那天起，我觉得自己有所长进了，我对禅学的理解

序言 因缘聚合

与我 2002 年时的理解相比有了很大的突破（这段经历在本书第一章"创新力，打破常规，非同凡想"一节中有详细记述）。把这种突破与大家分享，让大家不再深陷于我当年的痛苦与困惑，是我写作非常重要的动力。

"苹果之父"乔布斯是我非常欣赏的人，大约在 2013 年，我留意到他是一位禅的信徒。我看了大量资料，还加入了一个禅学社学习，想探索他从禅中悟了什么。在一次和几位朋友喝茶闲聊时，我突然迸发灵感，感觉可以从"心力"这个角度解读禅与乔布斯。2016 年，经过 9 个月的精心准备，我写了"乔布斯、禅与投资"这篇文章并举办了一次讲座，颇受好评。我深受鼓舞，后来又花了半年多时间，拓展深度，重写全文。

现代的一些人为什么要学禅呢？有一种流行的说法是"学习用出世的智慧指导入世"，我认为这种说法还不够准确。佛教和禅并不是一回事，我们可以说佛教是出世的，而禅源于宗教（佛教）而又超越了宗教。禅的理论核心是佛陀彻悟的真理——缘起性空，它既无所谓入世，也无所谓出世。把它运用到出世修炼上，如无数高僧大德，功德无量；把它运用到入世的工作创业上，如乔布斯与稻盛和夫，同样可以取得非凡成就。

对于我们普通人，工作是最好的修行道场，我们可以在工作中证悟空性。"工作即禅修！"本书所述"心力禅"所研究的禅学，可以理解为偏入世的禅学。我的理解是，禅法在世间，禅既古老悠久，又年轻新锐，禅非消极厌世，而是积极进取，禅不愚昧迷信，而是睿智自信，禅是无限可能，禅是"Follow your heart"（"跟随你的内心"），禅是一种很酷的生活方式，禅让我们认识自己的心，从而心生万法，进而开创美好未来。

序言　因缘聚合

禅源于宗教而又超越了宗教，禅不是心灵鸡汤，它能提升思想的境界，从而对工作、学习有很大的启发与指导。我有两篇文章表达了这个观点。

我写过一篇关于投资的文章"投资框架2018"（很遗憾因故未能收录于本书），它是我于2018年2月在高礼价值投资研习班举办的一场讲座的内容，受《金刚经》"无我相、无人相、无众生相、无寿者相"这句经文的启发，我设计了一个比较复杂的投资框架，深度思考投资决策（我相）、公司基本面（人相）、市场股价（众生相）和宏观面（寿者相）四者自身内部的规律以及外部联系规律，并指出只有充分理解投资的高度复杂性，我们才能做到大道至简，也就是"唯有至繁，方可至简"。这篇文章是我多年投资思考的总结，运用到实践中效果也不错。

本书收录的一篇文章"将心注入，我对摄影艺术的一些思考"是从禅的角度解读摄影。我非常热爱摄影，我很荣幸获得了一项世界级的摄影大奖——索尼世界摄影大赛 2020 年度"自然及野生动物"组别的冠军，而且我还是第一个获得这个级别冠军的中国人。我应约写了这篇摄影感悟。在我看来，摄影是一门"将心注入"的艺术，按下快门的不是你的手，而是你的心。摄影境界的高低，在于摄影师"将心注入"的能力大小。在文中，我还介绍了深受中国禅宗影响的宋代美学，它最重要的特质是有温情的极简、自然与温润。它是中国美学的巅峰，可惜宋代之后就衰落了，我期待它能够继续进化，再领风骚。

中国禅学自六祖惠能之后，数百年的发展比较平淡。我很关心普通人如何入世修行这个理论问题，希望今天我的一些探索能够抛砖引玉。

我与乔布斯

再说一下我与乔布斯的缘分。

我本科学习的是计算机软件专业，对苹果公司自1977年推出革命性的 Apple Ⅱ 电脑并持续引领全球计算机行业发展的历史颇为了解。苹果公司在2001年10月推出 iPod，2007年推出 iPhone，我都属于最早的一批购买用户。乔布斯以颠覆世界为己任的宏大愿力以及追求极致完美的精神，深深打动了我。深受禅影响的乔布斯，从禅中悟到了什么？2015年，当我着手研究并写作"乔布斯、禅与投资"时，坦率地说，我仿佛身负一种强烈的使命。我花了半年时间搜集了与乔布斯相关的几乎所有的中文书籍、中文网络资料以及 Youtube 上的各种视频；写作时间长达9个月，经常一天写作十几个小时，以至于到了废寝忘食的程度；有时候为了解释一个禅学理论问题，要参阅很多佛学经论，要经历数天的艰辛思考，要反复斟酌修改。文章发表后，反响还不错，这让我十分欣慰。

2019 年 12 月，我和朋友 Tim 去日本进行了一次"乔布斯之旅"。我们在东京居住在大仓酒店——乔布斯生前曾多次入住，在京都专门去曾被乔布斯赞誉为世界上最好吃的寿司店——"寿司岩"进餐（还坐了乔布斯曾经坐过的一把椅子），并到乔布斯去过的一家以枯山水而驰名世界的寺院——龙安寺打坐。

我查阅资料得知，乔布斯生前非常欣赏日本陶艺大师释永由纪夫，连续多年都主动收藏他的作品。我也很喜欢陶瓷，因此这次来日本后，我到处打听在哪里可以拜访大师并收藏他的作品，但都没有得到确切的消息。从京都回到东京后的一个晚上，我和 Tim 闲逛时走进一家陶艺店，看上了几件作品，结账时和老板娘用英语沟通得很辛苦。这时候，店里有一位优雅的年轻女士主动用中文帮忙翻译。互相介绍后知道，她的名字叫钟雯婷，来自中国台湾，多年前来日本学习陶艺，现在是一位颇为成功的艺术家。

我们和钟小姐加了微信。我朋友 Tim 当天用 iPhone 手机与她微信聊天时，随口问她是否认识释永由纪夫，她说："我不认识他，但是我和他女儿很熟，他女儿也是一位艺术家。"我们大吃一惊，又喜出望外，马上请她帮我们联系一下，她爽快地答应了。

第二天她就告诉我们联系好了，释永先生现在住在富山县立山町——大雪山下一个遥远偏僻的小乡村，我们可以乘坐新干线到富山县，他女儿会来车站接我们。我们本来下一个行程是去永平寺，乔布斯年轻时曾经想到那里短暂出家修行，但被他的师父乙川弘文阻止了。我们决定立即更改行程，先登门拜访释永先生。

第三天一大早我们就出发了。近 3 小时的新干线车程，可谓千里迢迢。抵达后，一如安排，释永先生的女儿——美丽的释永维小姐接到我们，开车近 1 小时把我们送到了她父亲的乡村小院。

释永先生很热情地接待了我们。他说，之前从来没有中国人来拜访过他家。在我们的热切询问下，他详细地给我们介绍了他和乔布斯的交往经历，还给我们展示了乔布斯送给他的日本名片、乔布斯逝世时日本媒体对他的采访文章，还有一本记录乔布斯历年来订购他的作品的照片目录合集，我这才知道其中有些作品是乔布斯提出创意，并参与了设计。释永先生拿来一只充满禅意的陶碗，说这是某年乔布斯向他订购的一批作品中的一只。我非常喜欢，反复说能否给个机会让我收藏，价钱不是问题。释永先生说不行，这和钱没关系，他是打算把它带到棺材里去的，因为与乔布斯结缘并共同创作，是他最珍重的人生经历之一。

话说到这个份儿上，我只好不再勉强，只求与这只陶碗来张合照。然后我拿出手机打开"乔布斯、禅与投资"这篇文章，说我作为乔布斯的忠实粉丝，如何深受他颠覆创新、追求极致精神的影响，写这篇文章时如何绞尽脑汁，如何废寝忘食，如何呕心沥血。我充满激情、结结巴巴讲了十多分钟后，释永先生突然一言不发，站起身来，走向里屋。

出来的时候，他手里拿着一个大盘子（见图 0-8），问我这是什么。我还没有反应过来，Tim 大声叫起来："是一个苹果！"

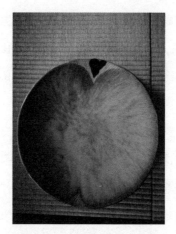

图 0-8　苹果盘子

这个蓝色的大圆盘子里藏着苹果的柄和蒂，它分明就是一个惟妙惟肖的大苹果！

他说这是他专门为乔布斯设计的苹果盘子，一共制作了 11 个，有 10 个都交给乔布斯了，眼前这个是他特意留作纪念的，而且是尺寸最大的一个，本来他也是打算带到棺材里去的。但是，他说他感受到了我对乔布斯真正的热爱，因此，他决定把它托付给我。

　　我简直不敢相信自己的耳朵！释永先生对我如此信任，无论我用什么语言，都无法表达对他的感激！他女儿告诉我，父亲对她说，此时此刻，他不知道是高兴还是悲伤，但是，给了一个对的人，这就是缘分。

　　我想起了日本"经营之神"稻盛和夫，他也是一位著名的禅的信徒。他曾说："我坚定一个信念，那就是'内心不渴望的东西，它就不可能靠近自己'。亦即，你能实现的，只能是你自己内心渴望的东西。""我希望人们能铭记这个宇宙法则，那就是：人生与心念一致，强烈的意愿将以一定的现象表现出来。也许有人断定此言极其神秘，不予接受。但是，这是我在此前的人生中多次体验后确信不疑的不二法则。"信哉，斯言。

今天，这个异常珍贵的苹果盘子被静静地珍藏在我家客厅里。我每见到它，就不由想起和蔼可亲、至情至性的释永先生，心中充满感念。后来我还向他建议，在乔布斯逝世十周年（2021 年），他来制作一个十周年特别纪念作品套装，作品包括精选乔布斯历年向他订购的作品，尤其是乔布斯亲自参与设计的作品的限量再生产，还有他为纪念乔布斯而精心创作的新品，附上他亲自撰写的与乔布斯的灵魂交流之文，让全球乔布斯的粉丝可以从艺术层面理解乔布斯。这不是很有意义的事情吗？他欣然接受了我的建议。

我没见过乔布斯，但是，通过 Tim、钟雯婷小姐、释永维小姐，还有释永先生，历经只有好莱坞电影才有的情节，我居然和乔布斯建立了一种穿越时空、不可思议的联系。冥冥中自有天意。

我与投资

最后，谈一谈我与投资的缘分。

证券市场风高浪急，涨落无常，身处其中20多年，亲历多轮牛熊，我感触很深。巴菲特所倡导的价值投资，我是非常认同的，同时我认为，价值投资也需要持续进化，为此，数年间我写过多篇研究文章（但很遗憾有四五篇研究文章因故没有收录进本书）。

1997年，我看过介绍巴菲特的一本书——《巴菲特传：一个美国资本家的成长》，其实完全没读懂。2002年离开基金公司之后，我重读这本书，所谓百战归来再读书，读了又读，有醍醐灌顶之感。巴菲特价值投资理念中最重要的概念是护城河和安全边际。所谓护城河，是公司维持强大竞争力的根本保证；所谓安全边际，就是要价格合理。关于如何对这两者进行评判，在我写的"投资框架2018"一文中有系统性的研究。

进入互联网时代，企业发展的竞争格局发生了重大的变化，这是有规律可循的。美国著名的未来学家凯文·凯利在其著作《失控》中提出了去中心化、涌现、失控等新颖的概念，准确预言了互联网、物联网、云、人工智能等科技的发展。我写了一篇文章"失控与投资"，以"连接"这个视角全面解读他的理论，并提出了"进化力"这个概念。我认为，从投资的角度，一个产品的连接数量越多、维度越多、强度越高，就越有进化的潜力，也就是进化力越强，就越有投资价值。护城河宽的公司竞争力强大，而进化力强的公司未来增长潜力巨大。巴菲特几年前曾经反思说，他没有投资谷歌是一个重大的失误。如果他的投资体系里有"进化力"这个维度，我相信他可能就不会错失这个投资机会了。

序言　因缘聚合

具备同样进化力的公司，为什么有些进化得很好，有些就举步维艰呢？这样的案例不少，可以反思的角度很多。我写过一篇研究文章"向大自然学习企业的进化之道"，提出了"熵减力"这个思考角度。公司初创时总是生机勃勃，但是好景不长，随着活力的丧失，公司就逐渐进入衰退期，这种情况从热力学第二定律的角度看，是熵增导致的，这是必然规律。但是，如果根据熵减三法则（打破稳定、促使开放、集中资源发力突变性机会）进行熵减，就可以恢复公司的活力。华为创造性地把熵减理论全面引入企业管理，效果极为显著。熵减能力弱的公司，走着走着就散了；熵减能力强的公司，总是充满活力。这种能力，我命名为"熵减力"。熵减力决定着公司的活力，公司的活力决定公司的生死。

熵减力和进化力是什么关系？进化力是一种成长的潜力，熵减力则是把这种潜力变成现实的能力。熵减力和护城河也有重大关系，熵减力强的公司会把护城河建设得更宽，甚至能新建第二重、第三重护城河；而熵减力弱的公司，护城河慢慢地可能会变窄。把护城河、进化力、熵减力这几个重要维度综合在一起思考，应该更能理解公司成长的本质。

越是深入研究，我就越觉得公司的创始人对公司发展进化的影响极为重大。一家公司的进化不可能超越它的创始人的进化。一家公司，本质而言，是由它的创始人凭强大的心力，心生万法从而无中生有的。因此，考察公司时，要强烈关注公司创始人的心力，包括愿力、专注力、创新力与洞察力。如何系统性地提升我们的心力，从而更好地心生万法，这是第一章所研究的核心。

因缘聚合

因为与禅、乔布斯，还有投资都颇有缘分，所以这本聚合了各种思考的书才得以问世。我想起了查理·芒格（Charlie Munger）的"格栅理论"，他鼓励我们要学习各种学科的知识，"但同时要学会不要将这些知识孤立起来，而要把它们看成包含心理学、工程学、数学、物理学的人类知识宝库的一部分。用这样宽广的视角就会发现，每个学科之间都相互交叉，并因此各自得以加强。一个喜欢思考的人能够从每个学科中总结出其独特的思维模式，并会将其联想结合，从而达到融会贯通"，"你的头脑中已经有了许多思维方式，你得按自己直接和间接的经验将其安置在格栅模型中"。

实践查理·芒格的"格栅理论"，从而构建属于自己的投资框架，是我在投资领域努力进化的方向。

为这本书的问世，我倾注了巨大心力。水平有限，但绝对非常有诚意。恳请得到大家的批评指正。

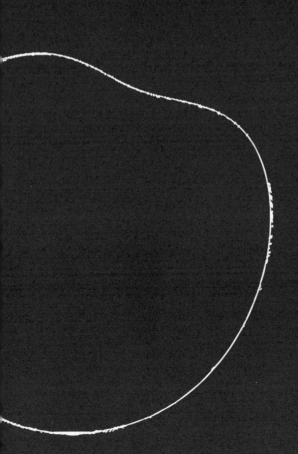

一

心生万法，

乔布斯、禅与投资

心之四力聚合在一起，形成强大无比的合力，

强大到一次又一次地颠覆这个世界。

乔布斯是当世最伟大的企业家之一，同时也是一位虔诚的禅的信徒。他慧根早开，19 岁那年就远赴印度寻求精神启蒙。20 岁那年，他开始追随日本禅师乙川弘文修习曹洞宗的禅法，从此禅深刻影响了他的一生。

乔布斯后来回忆说："与乙川弘文的碰面对我来说是一段意义非凡的经历，我后来尽可能多地与他待在一起。"乔布斯的前女友克里斯安·布伦南（Chrisann Brennan，乔布斯的孩子丽莎的妈妈）在其撰写的乔布斯传记《苹果上的缺口》（*The Bite in the Apple*）中记录了大量乔布斯跟随乙川弘文学禅的细节。她回忆说，乙川弘文对乔布斯非常满意，并曾对她讲："我的弟子中从来没有人可以在这么短的时间内掌握佛学——3个月，没有人能比这个时间更短。"乙川弘文对乔布斯的帮助很大，经常给乔布斯的生活和工作提供建议。布伦南回忆说，"一位禅师成了他的后盾"，"和弘文的合作，使得史蒂夫的事业也取得了巨大的进步"，"弘文的修为发展可谓令人难以置信的高深。弘文是一位真正的精神大师，他帮助一个年轻的创业者成功地开发出了改变世界的科技，这样的事情在世界历史中都很罕见"。

乔布斯终生坚持打坐，进行禅修。他说禅的直觉思维对他的工作影响很大，很多事情他都是用直觉进行判断的。他的产品如 iPhone、iPod、MacBook 简洁优雅，深得禅意之美。乔布斯的婚礼和葬礼都采用佛教仪式。《史蒂夫·乔布斯传》作者沃尔特·艾萨克森（Walter Isaacson）在书里写道："乔布斯对东方精神，尤其是禅的信奉，并不是心血来潮或年轻人的一时冲动。他投入了他特有的那种激情，这些东西也在他的性格中根深蒂固。"

什么是禅？禅是梵语"禅那"的简写，源于印度，意思是静虑，即寂静思虑，指使思虑专注于某一对象，进入寂静状态，并在此状态中进行思维观照。乔布斯所修的禅法属于曹洞宗，源于六祖惠能。**六祖惠能认为，人人心中都有佛性，通过禅修，一旦明心见性，即可顿悟成佛。**乔布斯一生精进修行，禅对他的影响表现在什么方面？他的境界如何？乔布斯生前并没有做过总结。出于对乔布斯和禅的热爱，我一直都在努力思索这个问题，希望可以汲取乔布斯的智慧，用于指导实践。

2017 年的一天，我读到《史蒂夫·乔布斯传》里的几段话，深受启发，豁然开朗。书里写道："史蒂夫拥有现实扭曲力场。""有他在的时候，现实都是可塑的。他能让任何人相信几乎任何事情。等他不在的时候，这种力场就会逐渐消失。""陷入史蒂夫的扭曲力场中是一件很危险的事情，但是正是这种力场让他可以真正地改变现实。"以我的理解，书中所讲的乔布斯拥有一种神秘的、无比强大的力场，强大到足以改变现实，这不就是禅所说的"心生万法"吗？这种力量，来自内心。当代高僧一行禅师有一本书叫《心力》，里面写道，每个人的内心都拥有强大到不可思议的力量，能否把这种力量充分开发出来要靠个人的修炼。如此看来，乔布斯应该是把心力修炼到了极高的程度。我隐约感到，研究乔布斯如何把心力修炼到如此强大的地步，可能是一把很好的探索乔布斯禅学境界的钥匙。

随着深入研究关于乔布斯的各种资料，包括各种传记、讲稿、视频，我逐步意识到，乔布斯强大的心力是多层次的，不仅包括他勇于颠覆世界、无所畏惧

的"愿力"，还包括他一往无前、如激光般聚焦的"专
注力"，源源不断、无中生有的"创新力"，以及超越
表象、洞察本质的"洞察力"。这四种力量聚合在一
起，形成强大无比的合力，强大到一次又一次地颠覆
这个世界。

心力中的"愿力"、"专注力"、"创新力"和"洞
察力"各是什么？在不断深入研究的过程中，我发现
每一种力的内涵和外延都非常丰富，我的研究初衷也
从单纯探讨乔布斯对禅的领悟，进化到探讨心力与禅
的关系，以及更进一步，探讨古老的禅如何融入现代
社会并指导实践，尤其是投资实践。

下面将分两部分，第一部分论述我对这四种心力
的理解；第二部分结合"心力"这个概念，系统地阐
述"心力禅"的几个重要观点。

心力造就现实扭曲力场

1. 愿力，强大到改变世界

愿力，原来是佛教用语，指誓愿的力量，借用到今日语境，是指人长远的、强烈的追求。佛教中的地藏王菩萨愿力很大："地狱不空，誓不成佛。"

愿力和人生是一种什么样的关系？稻盛和夫，日本备受推崇的"经营之神"，一生中创立了两家《财富》500 强企业——京瓷和 DDI（日本第二大电信公司 KDDI 的前身），并在金融危机时拯救了另一家《财富》500 强企业——日航。他也是一位著名的禅的信徒。他对此有精彩的论述："我坚定一个信念，那就是'内心不渴望的东西，它就不可能靠近自己'。亦即，你能实现的，只能是你自己内心渴望的东西，如果内心没有渴望，即使能实现的梦想也实现不了。""我希望人们能铭记这个宇宙法则，那就是：人生与心念一致，强烈的意愿将以一定的现象表现出来。也许有人断定此言极其神秘，不予接受。但是，这是我在此前的人生中多次体验后确信不疑的不二法则。""如果用20年、30年或更长的时间来看，大多数人的一生就是他们自己曾经在意念中描绘过的。"

我认为这些话总结一下，就是五个字：**愿力即人生**。

不是"愿力决定人生"，而是更直截了当的"愿力即人生"。乔布斯的人生追求是"改变世界"，当年他劝说百事可乐总裁来担任苹果公司CEO时所说的话——"你是想卖一辈子糖水呢，还是想抓住机会来改变世界"，激励了无数心怀梦想的朋友。通过那则著名的广告《非同凡想》（*Think Different*），他告诉世人："因为只有疯狂到认为自己能够改变世界的人，才能真正改变世界。"乔布斯确实改变了世界，他强大的愿力成就了他传奇的一生。

我的一位做投资的朋友学习佛法后，有一天和我说："我学佛越学越困惑，佛法说人生不过是场幻象，还说'执著'是人生痛苦烦恼的根源，我这么努力投资赚钱，还想成为巴菲特，这应该是一种执著吧？我是不是在自寻烦恼？"这位朋友的困惑非常有代表性，和我们探讨的人生追求即愿力有直接的关系。为了开导他，我和他讨论了两个问题。

第一个问题是：人生是不是一场幻象？佛陀证悟后发现，人自身和世间的一切现象都一样，只是一些因缘（条件）的聚合，很不稳定。人一生的际遇，不是自己想怎么样就能怎么样的。我们当下所拥有的健康、美貌、财富、地位等随着条件的改变，也会跟着改变，甚至严重受损。人生沉沉浮浮，动荡不安。因此，人的一生，就像一个幻象。这确实是一个很形象的比喻，但仅仅是一个比喻而已。然而，后世的一些人把这个比喻当"真"了，而且进一步极端化了，认为"自我"的一生根本就不是真实的。他们的一种解释是，这个"自我"和内部的各个部分以及外部都有联系，不是独立存在的，因此"自我"就是不真实的。这种解释很牵强，和普通人按共识所理解的"真实"是两回事（普通人所理解的"真实"是"在某一个时点确定客观存在，而不是虚构或者凭空想象"）。这种极端化的解释流传很广，但并非佛陀的原意，佛陀从来没有说生命是不真实的。

当下这一刻，"自我"是真实存在的。不过这个"自我"，在下一个当下可能就会发生变化，但是不能因为"自我"未来可能会发生变化，就否定"自我"当下的真实存在。无数个曾经的"当下"连在一起，构成了我们至今为止的一生。下一个"当下",则充满了无限可能。人的一生,从出生到死去,总的存在时间虽然只有几十年,如露如电,但是在这段短暂的时间里,"自我"的存在是真实的,不是想象或者虚构出来的,否则我们讨论人生追求,或者叫抱负、雄心、使命,就毫无意义了。佛陀说生命如幻象是提醒我们要用动态的、变化的眼光去看待生命的存在。"真实"或者"幻象"这种概念确实很容易产生文字上的歧义,我认为可以清晰地总结为这样的说法:**当下是真实的,过程有如幻象**。

第二个问题是,佛教所说的"执著"到底是什么意思?我们普通人努力工作,有所追求,肯定会涉及金钱、名誉、地位等所谓世俗意义的成功,这是不是就是一种执著,从而让我们产生无尽烦恼?实际上,人生有所追求,愿意付出努力去实现,是非常美妙的事情,甚至可以说是幸福的源泉,也是我们能够对社会做出贡献的主要方式。巴菲特太热爱投资赚钱了，他非常快乐以至于他说他每天都是踩着踢踏舞步去上班的，没谁听他说过由于赚钱而苦恼万分，相反，一个人无所事事，往往非常痛苦。佛教说不要执著，不是说努力工作，有所追求，包括追求世俗意义的成功本身有什么不对，而是说我们所追求的这些东西，如果情况发生变化，尤其是发生不好的变化时，我们不要执著于之前的状态，而是要接受现实并欣然面对。如果执著于之前的状态，无法接受变化，那才是佛教说的执著，才是烦恼的根源。佛陀说人要有"出离心"，不是指出离这种追求，而是出离这样的一种执著。再强调一次：**努力工作，追求成功，和佛教说的执著没什么关系，不能接受改变才叫"执著"，才是烦恼的根源。**

我朋友有这种困惑，不是个别现象，而是相当普遍的现象。很多人没有弄明白，入世修行的方法和出世修行的方法是不一样的。出家人为了避免由于执著而产生烦恼，选择的方法是舍弃大部分尘世中的欲望。没有欲望也就不会失去，不会失去也就不存在因失去而执著的烦恼。普通人并没有选择这样一种修行方式，但其实在尘世的欲望中修行同样可以有非凡成就。佛经里境界极高的维摩诘居士就是在家修行。六祖惠能就非常鼓励大家在世间修行，他说，"佛法在世间，不离世间觉"，"若欲修行，在家亦得，不由在寺"。**普通人最好的修炼道场就是他们的工作生活。**

在世间修行，愿力同样可以很高远，同样可以慈悲为怀，造福社会，普度众生，也就是行"菩萨道"。稻盛和夫用他一生的所作所为给我们做出了表率。他创办的京瓷的经营理念是："追求全体员工物质和精神两方面幸福的同时，为人类社会的进步与发展做出贡献。"他非常强调把利他作为经营的出发点，在做许多经营决策时，他会反复自问自己的动机是否混杂了私心。1982 年，日本政府为打破国营电信公司的垄断，允许私人资本参与电信行业，稻盛和夫打算创办 DDI 电信公司，但他并不着急马上报名。他说："每晚就寝前，我必定审视自己的参加意图。'你加入电信事业真的是为了国民吗？是否混杂了为公司或个人谋利益的私心？或者，是不是为了受到社会的关注而自我表现呢？动机是否纯粹、没有一丝污点？'""半年后，我终于确信自己毫无邪念，于是，下决心成立了 DDI 公司。"稻盛和夫这么说，我相信是真实的。他是 DDI 电信公司的创始人，是可以持有很多股份的，但是他最终的选择是连一股都不持有，因为他不想掺杂任何私心。个人如何在工作中而不是在深山古庙里修行，稻盛和夫给我们做了很好的示范。稻盛和夫和乔布斯一生都对社会贡献巨大，所以我们说，入世与出世，皆可修行，殊道而同归，看似有别，其实不二。

有一个古老的问题一直困扰着人们，那就是：人们在世间有所追求，是不是要有"度"——在这个度以内就是合理的，超过了度就是贪得无厌，从而滋生无穷烦恼？其实我们应该超越"度"去思考这个问题。如果一个修行者秉承"行菩萨道"的精神，合理合法地去追求成功，那么他越有成就，就越能帮助世人，对这个社会贡献也越大，这是功德无量、皆大欢喜的事情。有些人觉得小成即安、知足即安，这种选择并没什么不对，但有人如稻盛和夫，选择毕生不懈努力造福社会，而且他们的境界早已超越了对财富名利的追求，那更值得世人的尊重。烦恼事关执着，而执着与所谓的"度"并不直接相关。有烦恼了，我们需要反省的不是"度"，而是我们对待变化的态度。

愿力大的人，意志力自然强大，遇到困难不逃避，勇往直前，百折不挠。乔布斯是个好例子，1985 年，他被自己亲手找来的职业经理人赶出了自己亲手创办的公司，这打击太大了，他一度非常沮丧和失落。他后来回忆说："虽然我被驱逐了，但是我仍然钟爱我所做的事情。所以我决定从头再来。"他很快就又创立了一个名叫 NeXT 的电脑公司，该公司后来被苹果公司收购，他因此得以重返苹果公司，进而再创巅峰。另外，愿力大的人，心如强磁，会对他的追随者有强大的吸引力。人们所谓的乔布斯著名的"现实扭曲力场"的这个力，我觉得主要包括两种力，其中一种是心力中的愿力，他的愿力太强大了，所呈现的火山爆发一般的激情、无坚不摧的信心、势不可当的勇气深深地震撼了很多人，让一群非常有能力和充满激情的天才对他倾心追随，齐心协力，帮助他一次又一次颠覆了这个世界。

你的追求是什么？你的愿力有多大？换一个角度思考，你想成为一个什么样的人？这个问题困扰着很多人，他们会热衷于听取父母、朋友的意见，或者了解现在的高薪职业是什么等来寻求答案。但乔布斯的忠告是："不要让他人喧嚣的观点掩盖你的内心的声音……最重要的是，你要有勇气去听从你的直觉和心灵的指示——它们在某种程度上知道你想要成为什么样子，所有其他的事情都是次要的。"你今天的生活，就是你此生想过的生活吗？乔布斯说："我每天早晨都会对着镜子问自己：'如果今天是我生命中的最后一天，你会不会完成你今天想做的事情呢？'当答案连续多次都是'不'的时候，我知道自己需要改变某些事情了。"是谁告诉你"不"这个答案的呢？也是你的心。和你的心好好谈一谈，当你的心告诉你，你要成为一个什么样的人时，你的愿力就会慢慢生起。

愿力就像一颗种子，会发芽，会长大。台湾阿里山曾有一棵树，4 000 多岁了，很高很大，被称为阿里山神木，是台湾著名的景点。有一位著名企业家说过，阿里山的神木之所以大，在 4 000 年前种子掉到土里时就已决定了，绝不是 4 000 年后才被人知道的。

2. 专注力，全情投入于当下

强大的心力的基础是高度的专注力。禅学中说心念如暴流，一个念头接一个念头在我们脑海中像放电影一样闪过。我们在工作中非常容易走神、开小差，很多时候我们自己甚至都没有意识到，有时候虽然意识到了，却无力自拔。乔布斯是一个极度专注的人，决定做一件事情之后，他总是全情投入、全力以赴，不达目的绝不罢休。苹果公司前资深副总裁乔纳桑·艾维（Jonathan Ive）回忆说，乔布斯是他一生中所遇到的最为专注的人，"这种专注并非来自你的内心的渴望，比如'周一我需要更加专注'，而是在每一分钟都保持专注"。

《史蒂夫·乔布斯传》写道，"乔布斯的极致还表现在他的专注力上"，"他（乔布斯）把这种专注的能力和对简洁的热爱归功于他的禅修"。禅修确实是非常好的锻炼专注力的方法，这一点我有切身的体会。我曾在 2016 年参加了一次"内观禅"的禅修，收获比以往都要大。内观禅是一种在东南亚和西方社会都有广泛影响力的禅法，有坐禅和行禅两种方式，我扼要地介绍一下。

行禅的法门看起来很简单，就是尽可能慢地走路。我禅修的禅堂长约 20 米，慢慢走一个来回，需要 30 秒至 1 分钟。经过几天训练之后，我把时间延长到了 46 分钟。每秒我都在走，没有一秒是懈怠的，我是怎么做到呢？方法是把走一步分为 14 个步骤，例如"抬脚后跟""脚掌前移""脚掌触地"等，然后一丝不苟地执行每个细小的步骤。整个过程需要精神高度集中，哪怕开一点点小差，就会走得不稳或者走得太快。

坐禅的法门是用心全神贯注地关注腹部微小的起伏。过程中可能会遇上两种情况。一种情况是身体可能会出现痒痛感，不必马上去挠它以便得到缓解，要把心念转到不适之处，静静地观察，可能很快地在二三十秒内，这种痒痛感就消失了，然后再将心念移回腹部。还有一种情况更普遍，就是你的精神开小差了，例如忽然想看股票了，或者寻思晚上去哪儿吃饭，你的心要训练到马上就能觉察"我当下正在开小差"的程度，然后默默打上一个标记"妄想"。不必试图马上把心念收回来，而是静静地观察这个妄想，在极短的几秒时间里，这个妄想可能就像肥皂泡一样"啪"的一声消失了，然后你再将心念移回腹部。刚开始妄想很多，但随着不断练习就大幅减少了。

乔布斯所修的禅法是曹洞宗的禅法，我看了乔布斯前女友撰写的乔布斯传记，了解到他禅修的法门和内观禅有很多不一样，但两者都能够很好地提升专注力，进而增长智慧。

禅修也叫"止观"，止而后能观。内心保持高度的专注后，我们就渐渐进入了"止"的状态，之后，我们就开始进入"观"的阶段。观什么呢？就坐禅而言，"观"就是通过观察身体细微的感受以及各种念头的生灭，从而洞悉一切现象无常无我的本质，进而开启我们的智慧。也就是说，坐禅是一种很好的让我们证悟的方法。

乔布斯在他短暂的一生中有五次颠覆式创新，可见他思考的效率是何等的惊人，而高度的专注力是高思考效率的基础。打个比方，普通人的专注力就像打开手电筒的一束光，光很弱，也很散乱，几米外就已经很模糊了；乔布斯的专注力却像一束笔直的激光，能照射到很远处而不散乱。这样的一束光，能量当然无比强劲。《史蒂夫·乔布斯传》写道："他会设定优先级，把他激光般的注意力对准目标，并把分散精力的事情都过滤掉。"

我把禅修分为两个层次：初级的层次就是做每一件事情，保持高度专注，例如吃饭的时候专心吃饭，睡觉的时候专心睡觉，一心一意，就是禅修（也就是"止"）；更高级的层次就是，在保持高度专注的基础上进行思维观照，从而证悟，这是一种更高层次的禅修（也就是"观"）。

现在有一种观点，把坐禅和禅学脱钩，不关心禅的见地，也不知道什么是"空性"，只把坐禅纯粹当作一种提升专注力的方法，这非常可惜，有如买椟还珠。通过一些方法让内心平静并提升专注力，只是我前面所说的禅修的初级层次，也就是只能达到"止"的状态，但"止"并不是目的。"止"是用来"观"的，光有"止"，没有"观"，就像一个长跑运动员做了很多很漂亮的准备动作，又踢腿又做一字马，然后不跑了，回家了，他的水平怎么能够很好地提升呢？

还有一种观点，认为要开悟就必须坐禅，六祖惠能对此很不认同。他说："道由心悟，岂在坐也。"他认为长时间打坐，住心观净，是一种病（"住心观净，是病非禅，长坐拘身，于理何益"）。综观《坛经》全书，他并不反对传统的坐禅，但是他认为这只是证悟的其中一种方法，他非常主张入世修行以达至证悟。他说："佛法在世间，不离世间觉，离世觅菩提，恰如求兔角。"意思是说离开世间的工作学习去寻找智慧解脱，就像去找一只长角的兔子。六祖惠能的这个见地在当时的佛教界是革命性的。

专注力与佛法里常说的"当下"密切相关。"当下"是指人此刻的状态。佛法里说不要活在过去，也不要活在未来，要活在"当下"，因为过去已经无法挽回，未来尚未到来，当下这一刻是人活着的全部。如何"活在当下"呢？你需要用心专注地觉察到"当下"这一刻"我"在做什么。前述苹果公司的那位副总裁说乔布斯极度专注，"每一分钟都保持专注"。"每一分钟都保持专注"就是"活在当下"的状态。一代武学大师李小龙在他写的《生活的艺术家》中谈到修行方法，他是这么描述的："无论是在走路还是休息，说话还是沉默，吃饭还是喝水，都不要让自己懒惰，要孜孜不倦地追求'当下'。"那些造诣很高的修行者和常人不太一样，修行者精气内守，每个时刻都在内观自己，以达到精神不散乱，好像一直处于某一种定的状态中，其实就是一种专注于当下的状态。

乔布斯所说的专注其实还有另外一层含义，那就是"聚焦"（英文是 focus），之前所说的专注主要是指"集中精神"（英文是 concentration）。乔布斯在一次采访时说："专注和简单一直是我的秘诀之一。简单可能比复杂更难做到，你必须努力厘清思路，从而使其变得简单。但最终这是值得的，因为一旦你做到了，便可以创造奇迹。"乔布斯所说的这种专注和简单是直接相关的，如果太复杂，心即散乱，只有简单，才能聚焦；只有聚焦，才能极致。所谓做减法，就是这个道理。乔布斯还把他领悟的"简单"用心注入他所设计的产品当中。乔布斯当年重返苹果后，大刀阔斧地减少产品的品种，电脑只提供 4 种，横向是专业用和家用，纵向是笔记本和台式机。iPhone 更是极致到每次发布只有一种型号，而且 iPhone 的界面非常简单，只有一个按键，功能却非常丰富，当年它一推出就产生了巨大的轰动。乔布斯说过："专注的核心在于你要敢于否定，对那些好创意说不！"一个产品里加入很多好创意，听起来很好，却可能影响简单属性，影响了简单的设计就不是最好的设计。

有一个很值得深思的故事，微信创始人张小龙说："'摇一摇'这个功能上线后，马化腾发了一封电子邮件给我，说我们是不是应该仔细考虑一下，如果竞争对手来模仿，会不会在上面叠加一点东西，就说他创新了？我回复说，我们现在的这个功能已经做到极简了，竞争对手不可能超过我们了，因为我们是做到了什么都没有，你要超过我们总要加东西吧？你一加，就超不过我们了。"

3. 创新力，打破常规，非同凡想

（1）空性的世界

所谓创新，就是无中生有，包括思想、产品、艺术等，重大的创新我们称之为"颠覆"。乔布斯至少引发了五次颠覆：一是通过苹果电脑 Apple Ⅰ 开启了个人电脑时代；二是通过皮克斯动画颠覆了动画产业；三是通过 iPod 颠覆了音乐唱片产业；四是通过 iPhone 颠覆了手机通信产业；五是通过 iPad 颠覆了平板产业。我们有理由相信，乔布斯找到了"颠覆"的密钥。密钥是什么？我个人认为，禅学的"空性"，正是这把密钥。

什么叫"空性"？"空性"就是"缘起性空"。很多年前我就很喜欢看佛学的书，学习了太多佛学概念，千头万绪，头脑反而更糊涂了。直至有一天，那是2008年的一个秋夜，我挑灯夜读南怀瑾先生的《如何修证佛法》，书里写道："今年正月间，一位老朋友萧先生来看我，临走时问了一句话：'释迦牟尼佛19岁出家，最后抬头睹明星而悟道，他悟的是什么？'这个问题如果是别人问，倒没有什么重要；但萧先生研究佛学多年，他提出了这个问题，却是不比寻常。"南怀瑾想了又想，说道："我当时回答我的老朋友萧先生说，'他悟的就是那个缘起性空'。萧先生说，'嗯，对了！'推开门就走了。"我读了又读这段文字，恍然大悟。那个晚上秋凉似水，弯月如钩，我一夜无眠。"缘起性空"这几个字，提纲挈领，把林林总总都串了起来。我所知的各门各派的佛学知识和一些人生经历如电光火石，在头脑中像放电影一般掠过。经过那个晚上，我感觉自己有所长进了。

什么叫"缘起性空"呢？"缘起"是指世间一切事物是由一些条件（因缘）聚合在一起而生起的，这种生起，性质是"空"的。"空"是指这些条件都不是稳定的，一旦一些重要的条件发生改变，事物的性质就会跟着发生变化。**因此，一切事物都不是可以独立存在的，都不是常住不变的，而是在变化中不断发展的。所谓"证悟空性"，是指通过修行，不但在理论上明白这一点，更要在实践中证明这一点。**

证悟空性，是修行者（无论出世还是入世）最重要的修行目标。只有证悟空性，我们才能彻底解脱而圆满自在。

"缘起性空"听起来有点抽象，我用搭积木来解释。一个积木房子由若干形状、大小不一的积木块堆砌而成，不同的积木块组合可以搭出不同的房子。每一座房子的积木块可以挪来挪去，挪动少量积木块没问题，挪动多了，房子就面目全非，甚至有可能就倒了，世间万事万物莫不如是。《金刚经》说："若见诸相非相，即见如来。"所谓"相"是一个事物的表相，所谓"非相"是指我们不要满足于只了解它的表相，而是要穿透它的表相，弄清楚由什么条件以一种什么样的方式聚合在一起生成这个事物的，如果做到这一点，我们就明白事物的本质了，智慧觉性也就生起了（"即见如来"）。

更进一步，我们可以把一些条件聚合在一起，看看是否可以成立，而这种聚合方式是前所未有的。这是一个不断试错的成功概率很低的过程，如果这些条件真的可以成立，那么创新就横空出世了。这个过程和搭积木房子基本是一样的，你不停尝试，用各种形状的积木块试来试去，加加减减，直到拼成一座很漂亮的房子，自己满意，大家喜欢，那么创新就大功告成了。

　　以乔布斯发明 iPod 为例，iPod 之前早就有 MP3 播放器了，但一直流行不起来，乔布斯很早就打算开发一款这样的产品，但一直觉得时机不成熟。直到 2000 年，他了解到日本东芝公司发明了一种微型硬盘，体积只有 1 美元硬币那么大，但容量高达 5GB。乔布斯敏锐地感觉到机会终于来了，接着苹果公司很快找到了一种电池，可以支持产品连续 10 小时播放音乐。另外，苹果公司的设计师发明了一种非常有创意的拇指转盘，单手就可以操作，即使存储多达 1 000 首歌，要找到任何一首歌也轻而易举。最后一个要解决的问题是：歌曲在哪里呢？乔布斯和五大唱片公司商谈，可以使它们在 iTunes 商店售卖单曲，价格最多只能是 0.99 美元，唱片公司几经犹豫，最后还是同意了。总结一下，硬盘、电池、拇指转盘和歌曲这几大关键条件全部具备后，iPod 销售取得了极大的成功，颠覆了整个音乐唱片行业。

复盘 iPod 的成功，逻辑很清晰，大家可能认为本来就该如此。事实上，在研发的时候，有无数个选项，乔布斯的智慧就在于他能从无数个选项中用非常苛刻的标准选择出最合适的，然后把它们组合在一起。乔布斯在一次采访中说："设计一款产品，你得把 5 000 个问题装在脑子里，必须仔细梳理，尝试各种组合，才能获得想要的结果。"

有一本颇有影响的探讨创新的书叫《水平思考》（*Lateral Thinking*），作者是英国著名学者爱德华·德博诺（Edward de Bono），这本书主要介绍的就是根据这种理念系统地设计多种创新的思路，我结合现实案例介绍其中几种。

首先，把支持事物成立的条件加加减减，颠来倒去，进行各种异想天开的组合，像搭积木一样，是很好的一种创新思路。iPod 的研发过程，就是极好的案例。

其次，我们可以把一个因果条件的次序进行调整，看看有什么效果。例如，传统电视选秀节目是导师选择学员，但是，《中国好声音》的做法却是学员选择导师。导师为了吸引学员加入战队而想方设法抢学员的场面新颖而火爆，结果节目一炮走红，成了一款现象级的综艺节目。

再次，在设计的时候随机增加一个条件，看看能不能成立，相当于搭积木的时候随机增加一个积木块。举个真实的例子，有一次我做这种创新练习，设计一款新的杯子，我问一个朋友："你现在看到了什么？"她到处看了看，说她看到了温度计。温度计和杯子有什么关系呢？我突然灵机一动，妈妈给小婴儿喂水的时候总要反复用热水混一些冷水来调试，一会儿热水加多了，一会儿冷水加少了，非常麻烦，为什么不可以生产一种带有温度刻度的杯子，直接标示水温，以减轻妈妈的负担呢？

最后，就是思考某件事情有哪些特性是最重要的，或者是大家认为最理所当然的，然后考虑能否打破某种特性，相当于搭积木的时候把非常核心的一些积木块抽掉，看看会发生什么情况。

先举一个简单的例子。杯子有什么主要特性？我们能列出好几条，其中一个是它有一个平的底座，这样才能放在桌面上，这个特性是否可以打破？能不能生产一个没有平的底座的杯子呢？真的就有人生产了这样一种杯子，底是尖的，杯子不能直接放在桌子上，但可以放在一个有洞的托架上。为什么要生产这么奇怪的杯子呢？有一些酒吧老板喜欢，他们希望顾客多喝酒，不要老把杯子放在桌子上半天不喝一口。顾客拿着尖底的杯子，放下来不方便，不经意中就会一喝再喝，从而刺激了酒的销售。

再举一个例子。一个商场招商，商场提供服务，进场的商家交纳佣金或者租金，这是天经地义的事情吧。eBay 来中国发展采取的就是佣金模式，和在美国一样，商家根据成交额的一定比例，一般是 5% 左右，向 eBay 交纳费用。但是有一个平台说自己一分钱都不收，服务做得比 eBay 还好。这不是天上掉馅饼的事情吗？各路商家从 eBay 蜂拥迁移到这个平台——淘宝，淘宝生意非常火爆，很快就超越了 eBay 中国。不收佣金，淘宝怎么赚钱呢？把海量的客户和商家吸引来之后，淘宝卖"搜索排名"，例如你在淘宝搜索"杯子"会看到长长的产品列表，如果你想排名靠前，是要交纳不菲的费用的。这个完全创新的商业模式虽然有很多缺陷，例如存在假货等问题（阿里巴巴一直在努力解决这个问题，并取得了不少成果，但还有非常大的改善空间），不过仍然是很有价值的。2016 年，阿里巴巴收入 1 011 亿元，其中搜索广告业务收入占 542 亿元，占比为 54%。这个创意价值多少呢？2017 年末其价值超过了 4 500 亿美元。

创新的五个思路

- 把一些条件聚合在一起（这种组合方式是前所未有的），看看是否可以成立。

- 把支持事物成立的条件加加减减，颠来倒去，进行各种异想天开的组合。

- 把一个因果条件的次序进行调整，看看有什么效果。

- 在设计的时候随机增加一个条件，看看能不能成立。

- 思考某件事情有哪些特性是最重要，或者是大家认为最理所当然的，然后考虑能否打破某种特性。

（2）将心注入

下面我换一个角度继续探讨创新的问题。大家看下图（图1-1），这张照片是我于2016年2月在加拿大班夫（Banff）一片低矮的树丛里拍到的。当时已近傍晚，大雪纷飞，这只乌林鸮那一刻刚好把翅膀收起来在空中滑翔，双目有神，姿态奇特。乌林鸮在《哈利·波特》小说里是魔法世界传递消息的信使。我按下快门后回看照片就有一种强烈的感觉，仿佛它就是那个信使，魔法世界有大事发生，它有一封非常重要的信要尽快送给哈利·波特，虽然漫天大雪，昏天暗地，但它非常努力，历尽艰辛，日夜兼程，最终不辱使命。这个故事如何？我自己都被打动了，可能评委也被这个故事打动了，最终这张被命名为"魔法信使"的照片获得了美国《国家地理》2016年全球摄影比赛中国区的二等奖。

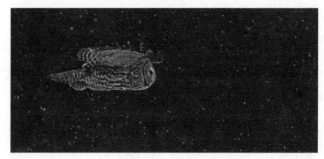

© 李国飞

图 1-1 《魔法信使》

请再看一眼这只乌林鸮，然后闭上眼睛，用你的"心"去看看这只鸟是什么。我觉得它是魔法世界的信使，还有好多人说它像是一条在漫天星光中飞翔的神鱼，不同的人在心里看到了不同的东西。这只真实的乌林鸮其实不过是匆匆掠过树梢，快门一按，它飞进了我的心。当它飞进了我的心后，就发生了一些变化，它已经从客观时空中分离出来，失去了时间的连续性和空间的延展性，继而成了我内心所编织的一个动人的故事的主角——"魔法信使"，它从一个客观事物变成了我的纯粹的精神现象。从那一刻起，它就不再是一只普通的鸟了，它承载了我对它的一些感情或者幻想，可以说，这只鸟由于我"将心注入"，所以重获新生，有了全新的意义。

由此可见，"将心注入"是一件多么神奇的事情。"钻石恒久远，一颗永留传"，戴比尔斯（De Beers）的这句广告语大家都很熟悉，钻石不过是块闪耀的石头，但被注入"爱"后，它就成了爱情浪漫坚贞的象征，身价增长百倍。

乔布斯要求设计的 MacBook 笔记本电脑有一个睡眠指示灯，它闪烁的频率是多少，大家留意过吗？每分钟 12 次，与成年人正常呼吸的频率是一致的。自从这个笔记本被乔布斯"将心注入"，可以和人"一起呼吸"，它就获得了"灵魂"，而不再是一台冷冰冰的机器了。

"青青翠竹，尽是法身；郁郁黄花，无非般若。"在修行人的眼里，黄花并非无情物，他们在一朵美丽的黄花里发现了神秘的般若法身，一部手机亦然。iPhone 问世的时候，它的质地、线条、色泽，还有你抚摸着它的那种手感，好像有一种无法用语言表达的神秘的魔力，全世界无数人喜欢它乃至为它发狂。生命简约优雅，自成其美，乔布斯将心注入，将他领悟的这种生命之美，通过一款 iPhone 传达给世人，在那一瞬间，你感受到了，你被深深打动了。你是被什么打动的？是乔布斯的一颗心！

我看了乔布斯 1987 年接受采访的一段视频，深受感动。他说："嬉皮士运动启发了我，有些东西是超越日常忙碌的生活的，生活不仅仅是工作、家庭、财产、职业。我们每个人都能感受到某种冲动，许多人想找回生命的意义。有人去流浪，有人在印度神秘仪式里寻找答案。嬉皮士运动大概就是这样，他们想寻找生活的真相，生活不应该是父母过的那样，正是因为这种精神，有人宁愿当诗人，也不愿意做银行家。我想把这种精神注入产品里（I think that same spirit can be put into product），只要用户使用产品，就能感受到这种精神。麦金塔计算机的用户真心喜欢我们的产品，在这之前你很少听人说真正喜欢某种商业产品，但你可以从麦金塔感受到某种奇妙的东西。"

再举个毕加索的例子。他于 1907 年画了一幅令当时世人很难接受的油画《亚威农少女》。在这幅画中，他观察这个世界的视角是颠覆性的，他抛弃了几百年来盛行的绘画立体透视原则，把少女脸上的几个侧面以平面的方式同时展现在一个画面上，效果非常奇特。他"将心注入"他作品里的是一种前所未有的艺术视角或者叫艺术观念，并由此开创了对现代艺术发展有重大影响的"立体主义"。

2010 年，乔布斯接受日本电视台的采访时谈到创业，他说只为了赚钱而创业很可能不会成功，很多成功的创业者创业的初衷并不是赚钱，而是他们对这个世界有些非常不同的想法，但没人听，他们不得已，只好开家公司，将这些另类的想法"将心注入"他们的产品里，向世界表达。所谓创新，就是这样一件事。从这个角度来理解创新，我觉得已经接近创新的本质了。

对乔布斯影响很大的一本书——铃木俊隆在其著作《禅者的初心》中写道："做任何事，其实都是在展示我们内心的天性。这是我们存在的唯一目的。"乔布斯以颠覆世界为己任的一生，其实都是在实践铃木俊隆禅师的这句话。关于禅的"将心注入"，我还会在本章"心与世界的关系"中进行更深入的探讨，并提升到"道由心创"的高度。

（3）心无所住

换一个角度继续探讨创新，回到那只乌林鸮。它进入我的内心成为我的一个精神现象后，就脱离它原来的时空，进入了一个新的精神时空。在这个新的时空里，只要我敢想，它就能变。它可以头长两只犀牛角；它可以潜入大堡礁与魔鬼鱼同游；它也可以变身为一个年轻人，穿越时空回到古希腊，与苏格拉底相处一个下午，探讨哲学问题。心的时空里没有限制，更没有逻辑。禅语中有些话，如"石上栽花，空中挂剑""无柴猛烧火""三冬花木秀，九夏雪霜飞"，叫人摸不着头脑。有一则故事，说一位喇嘛避雨，躲进小小的蜗牛壳里，人没有因此缩小，蜗牛也没有因此变大，这可能吗？有人解释说这是特异功能，其实不是好的解释，禅不过是用这些故事打破我们对所谓常识的种种认知，打破时空的各种限制。很多年前，有作家幻想着终有一天人可以长着一双"翅膀"在天空翱翔、乘着飞船去月球"旅行"等，当时听起来是如此荒诞不经，但到今天这些都成了现实。

《金刚经》中有一句著名的经文"应无所住而生其心"，六祖惠能听了这句经文因而开悟。什么叫"生其心"？就是我们的心生起一个念头。什么叫"无所住"？就是我们不要被现实的各种条件所束缚，因为所有这些条件、限制都是暂时的、脆弱的，随时可能发生变化甚至消亡，心想久"住"也"住"不下来。我们说禅是超越逻辑的，为什么呢？因为所谓逻辑，就是现成的思维路径，这条路从哪里来，往何处去，是有一定规则的，沿着这条路走，一定能走到某一个地方。禅强调无所住，就是告诉大家可以走一些从来没有人走过的路，既不知道从何而来，也不知道该往何而去。"无所住而生其心"意味着抛开一切成见，打破一切条条框框。所谓创新，正是如此。

1997 年，苹果公司制作了一则非常经典的广告

一　心生万法，乔布斯、禅与投资

《非同凡想》，它的广告词至今震撼人心。

　　　　向那些疯狂的家伙们致敬

　　　　他们我行我素

　　　　他们桀骜不驯

　　　　他们惹是生非

　　　　就像方孔中的圆桩

　　　　他们用不同的角度看待事物

　　　　他们既不墨守成规

　　　　也不安于现状

　　　　你尽可引用他们、否定他们

　　　　颂扬抑或是诋毁他们

　　　　但是唯独不能漠视他们

　　　　因为他们改变了事物

　　　　他们让人类跨越了一大步

　　　　他们是别人眼里的疯子

　　　　却是我们眼中的天才

因为只有疯狂到认为自己能够改变世界
的人
　　才能真正改变世界

我觉得"无所住而生其心"译成英文"Think different"也还不错。在我看来，那些特立独行、打破常规的伟人和乔布斯本人，正是践行"无所住而生其心"从而改变世界的光辉典范。

我们来看以下两个案例。第一个例子，出租车这种交通工具需要拥有专门的牌照才可以上路，普通人买的私家车不可以载人营运，全世界基本都是这样。2010 年，两个美国年轻人推出了一款叫优步的 App，把众多利用效率极低的私家车组织起来，供大家像叫出租车一样使用，价格便宜很多，大家都很喜欢，但这种做法和绝大部分国家的出租车管理法规是相抵触的。一开始优步到处被人投诉、示威甚至被起诉，但是他们非常勇敢地抗争，争辩说原来的出租车制度是不合理的，现在移动互联网已经可以完美地解决车辆计费和监管的问题。在民众的支持下，最终的结果是，世界各地的很多政府先后为优步修改法规，从而将它合法化了。这个大胆和"违法"的创新，2017年末的估值超过600亿美元。

第二个例子，上面说到乌林鸮进入我的内心后可以形象百变，我想到了近年来有一位很红的女歌手叫初音未来，大家听说过吗？她在全球有几千万名粉丝，其实她只是一位数字化的虚拟人物。这本来没什么，但这位虚拟人物走了一条从来没人走过的路，就是办起了线下演唱会，这是怎么做到的呢？原来是技术公司用3D全息技术，在舞台上再现了这位虚拟歌手，她载歌载舞，美艳动人，场面非常轰动。2017年，雷军签约了初音未来作为红米手机的形象代言人。这位女歌手永远年轻，永远时尚，永远性感，永远没有丑闻，永远不知疲倦，想一想，还有比她更完美的偶像吗？这是多么巨大的商机啊！未来随着 AR、VR 和 3D 打印技术的不断发展，虚拟和现实就很难分清楚了，会有更多更有价值的创新源源不断地出现。

再换一个角度看"无所住而生其心"。有这么一则禅的故事，唐代的芭蕉慧清禅师对弟子说：有人行路时，忽然间前面是万丈深渊，背后是野火来逼，两边是荆棘丛林。向前走，则堕入深渊万劫不复；如果退后，则堕入火海尸骨无全；如果转身往两侧走，则被荆棘挂住，遍体鳞伤。在这种情况下，如何是好？弟子痛苦万分。这是禅的一种著名的教法，就是把人逼到绝路，在性命攸关之刻打破一切思维魔障，无所住而生其心，挑战一切"不可能"以逃出生天。

这让我想起了《史蒂夫·乔布斯传》里的一则故事，苹果公司 1998 年设计第一代 iMac 时，乔布斯决定给它的半透明外壳增加一个凹陷的把手，听起来容易，但是实施不易，这无论是对制作工艺还是对成本控制都提出了很大的挑战。"当我们把做提手的建议提交给工程部门时，"乔布斯说："他们提出了38种不能这么做的理由。然后我就说：'不，不，我就是要这么做。'然后他们问：'那么，为什么？'我回答道：'就是因为我是CEO，我认为这么做没问题。'"工程师们都快被乔布斯逼疯了，但结果是，历经各种痛苦的失败折磨后，他们还真做成了。

再换一个角度，要做到"无所住而生其心"，就要敢于质疑甚至否定权威，相信自己内心的判断。传统印度佛教的"佛"一般是指存在于众生之外的外来佛，而禅的佛是指存在于自心的内在佛。六祖惠能说："我心自有佛，自佛是真佛"，"菩提只向心觅，何须向外求玄"。六祖惠能的"佛性论"是禅非常革命的理论，它彻底打破了传统佛教的偶像崇拜观念。唐代丹霞烧佛惊世骇俗。高僧义玄法师说："遇佛杀佛，逢祖杀祖……始得解脱。"乔布斯说："不要被教条所限，不要活在别人的观念里。不要让别人的意见左右自己内心的声音。"

现实生活中，常有人说"要用常识思考问题"，这句话对不对呢？既对又不对。说它对，是因为绝大多数的事物的发展都是符合常识的；说它不对，是因为所有的颠覆式创新都必定是打破常识的。所以，当你有一天非常有信心地判断某件事情完全"不符合常识"，或者讥笑别人"没有常识"的时候，要想一想有没有这样一种可能，就是你陷入了某一个顽固的条条框框里不能自拔。

按当代著名哲学大师冯友兰的说法，中华民族是一个有强烈的哲学情结但是缺乏宗教情结的民族，儒学是主流，民众行为主要受道德约束而不是宗教约束，天性崇尚自由，不喜欢仪式，不喜欢过多的约束，所以改革开放以来，中国人特别敢想敢干敢创新，创造了太多的经济奇迹。近些年，以阿里巴巴、腾讯为代表的移动互联网公司全面崛起，创造了非常多全新的商业模式。事实证明，中华民族确实天生就非常适合创新，这是由它的文化基因所决定的。一个国家的成败与创新力息息相关，就这个意义来说，我对中国的未来感到非常乐观。

（4）小结：进行创新就是证悟空性

我从三个角度探讨了空性与创新的关系。空性到底是什么？为了让世人容易理解，六祖惠能就像一位极高明的画师，给空性画了一幅画，他说："世界虚空，能含万物色像。日月星宿，山河大地，泉源溪涧，草木丛林，恶人善人，恶法善法，天堂地狱，一切大海，须弥诸山，总在空中；世人性空，亦复如是。"是不是很有画面感？大意是说，我们心之自性，壮阔无边，整个宇宙，现存的包括自然、人文、思想都显现其中，未来的各种变化也孕育其中。空性在哪里呢？它不是远在天边，而是在我们每个人的心里，我们需要做的就是通过了解我们的心去认识它，所谓"明心见性"，就是这个意思。

唐代禅宗大师青原行思提出通过参禅证悟空性的三重境界：参禅之初，看山是山，看水是水；禅有悟时，看山不是山，看水不是水；禅中彻悟，看山仍是山，看水仍是水。我模仿一下，表述一下我的见地。

参禅之初，看一栋屋子，就是一栋屋子；禅有悟时，看一栋屋子，不是一栋屋子，而是想象中的一栋屋子——这栋屋子被拆得只剩下骨架，只存在于想象之中；禅中彻悟，看一栋屋子还是一栋屋子，想象中的那栋屋子隐身于现实中的那栋屋子之中（见图1-2）。

参禅之初，看到的是屋子的表象，这种表象也是当下的真实，这种真实，是用眼睛看到的。

参禅之初　　　　　禅有悟时　　　　　禅中彻悟

◎李国飞

图 1-2　参禅证悟空性的三重境界

注：这些图形是作者请友人绘制的。

禅有悟时，看到的是屋子的本质——支持屋子存在的条件（因缘），此处用屋子的骨架来代表这些支持条件，这样一间被拆得剩下骨架的屋子只存在于你的想象之中。骨架不是恒定不变的，若有变动，屋子就会变形甚至倒塌，因此这栋屋子的存在是不确定的、脆弱的，是随时可能变化的，用幻象来形容也很贴切，这个幻象，是你用心"看"到的。

彻悟时分，你从幻象回归真实，但这种真实和参禅之初所感受到的真实有了质的飞跃，这种真实是如梦如幻、脆弱不堪的，眼睛看到的真实和内心"看"到的幻象已经虚实合一、水乳交融了，也就是说，你既看到了屋子的表象，又看到了它的本质；既看到了真实，也感知了幻象。修行人同时生活在真实和幻象之中，既能真切感知当下的存在，也能预知未来可能的变化。

禅修到"彻悟"，不仅仅可以预见各种变化，更进一步，修行者还能创造全新的事物。还是以这栋屋子为例，世人看起来神圣不可侵犯的一些结构、坚不可摧的一些梁柱，在修行者看来都是脆弱不堪的，他内心强大到可以轻松地扭曲、移动、添加、重置这些梁梁柱柱，以"无所住心"重新设计，从而建造一栋新的屋子。所谓创新，即是如此。

前文说了，乔布斯著名的"现实扭曲力场"主要包括两种力，一种是愿力，还有一种我认为就是创新力。他的创新力强大到能够持续地创造颠覆性的新产品，一次又一次地"扭曲"现实。由此可见，我们的内心确实是可以非常强大的，以至于可以"心生万法"。从这个角度一想，所谓的"命运"就不值得完全相信，因为只要我们努力把各种条件精心准备好，人生就具备了无限可能。如果真的有命运这回事，那么先天好的命运可以更好，先天坏的命运就有可能扭转。

空性智慧指导我们创新，反过来思考，我们就可以得出一个新的非常重要的结论：**进行创新就是在证悟空性！创新的颠覆程度和证悟空性的境界密切相关。**我研究认为，在实践中证悟空性主要有三种方式，这是第二种。

第一种是什么？在"专注力，全情投入于当下"这一小节里，我提到通过坐禅的方式进行禅修：内心保持高度专注后，我们就渐渐进入了"止"的状态，之后，我们就开始进入"观"的阶段。观什么呢？就坐禅而言，就是通过观察身体细微的感受以及各种念头的生灭，从而洞悉一切现象无常无我的本质，进而开启我们的智慧。

这里所说的智慧，就是空性的智慧。这是一种非常传统的证悟空性的方法，不过前文还没有介绍空性，因此到现在才回过头来进行总结。除此之外，还有一些修行者通过观察自然现象的变化，如花开花落、月圆月缺、湖中月影、空山足音等从而证悟，也就是说传统的修行者中很多是通过观察身体、心理、自然现象的缘起缘灭而证悟空性，我把这种方式列为在实践中证悟空性的三种方式的第一种。

第三种将在"洞察力，于无常中发现规律"小节末尾介绍。

4. 洞察力，于无常中发现规律

洞察力是指洞察事物本质的能力，是人最重要的能力之一。乔布斯被公认为极有洞察力的一个人。一个人的成就，与他的洞察力高度相关。我选两个角度谈谈我对洞察力的认知。

（1）直觉力，悟在自心

我把洞察力分为逻辑力和直觉力。逻辑力顾名思义，就是根据逻辑进行思考的能力，大家都很熟悉，我们从小就接受严格的训练。直觉力是指追随你内心的指引，不经过逻辑推理而把握本质的能力（我在这里对直觉力的范围设下了一些限制，只研究本质或者规律这个层次，对一些日常琐事的判断就不在我的研究范围里了），直觉力给人的感觉是很神秘，来去无踪，很难把握。

乔布斯、禅与投资

　　乔布斯的直觉力是非常强大的，他说过，很多重大的决策，他都是凭直觉做出来的。乔布斯19岁的时候曾经去印度寻求精神启蒙，若干年后他回顾那趟旅程对他的影响时说："我回到美国之后感受到的文化冲击，比我去印度时感受到的还要强烈。印度乡间的人与我们不同，我们运用思维，而他们运用直觉，他们的直觉比世界上其他地方的人要发达得多。直觉是非常强大的，在我看来比思维更加强大。直觉对我的工作有很大的影响。"1983年，乔布斯在一次采访中说："我跟着我的直觉和好奇心走，遇到的很多东西此后被证明是无价之宝。"《史蒂夫·乔布斯传》写道："禅修增强了他对直觉的依赖力，教他如何过滤掉任何分散精力或不必要的事情。"乔布斯从小接受良好的西方教育，锻炼出了强大的逻辑思维能力；19岁起接受东方禅学的训练，锻炼出了非凡的直觉力，两种能力珠联璧合，成就了乔布斯传奇般的洞察力。

禅和洞察力尤其是直觉力的关系，可以从以下几个方面分析。

禅认为思考问题的时候，不要被事物的表象所迷惑，而是要深入思考事物成立的各种因缘（条件），而且要对自己独立的思考保持极大的信心。禅的思维模式对于洞察事物的本质是至关重要的。我研究过一些宗教，它们一般非常强调信众要全心全意地秉持信仰，要严格按照契约律法行事。与之相反的是，禅特别强调人独立、深层次地思考。

禅的一个重要特点就是特别重视直觉力。六祖惠能说，"一刹那间，妄念俱灭；若识自性，一悟即至佛地"，"我于忍和尚处（指在五祖那里），一闻言下便悟，顿见真如本性"，说的都是凭直觉而顿悟。禅宗的禅法是"不立文字，教外别传，直指人心，见性成佛"，强调的就要摆脱文字、语言等的束缚，以心传心，凭直觉直接证悟。从禅的角度看来，直觉的智慧不开启，是不可能证悟成佛的。每一位禅的信徒的修行，从这个角度看，其实就是在锻炼他们的直觉力。证悟越深，直觉力就会越强，强到一定程度，人就能突破各种条条框框，瞬间提升到一个新的境界。

思考一件事情的本质，先要具备相关的知识，我们通过持续学习形成了各自独特的知识架构，我们的直觉力和逻辑力与我们的知识架构密切相关。我们来探究一下知识架构。知识架构和铁路干线很像，都是网状结构。干线可以代表我们最擅长的几个领域的知识，另外还有密密麻麻的大量中小支干线，紧密连接着主干线，可以用来代表其他的各种知识。知识与知识之间相互交叉、相互渗透，形成我们完整的知识架构。

查理·芒格主张要学习很多不同学科的知识并融会贯通，他说："你必须知道主要学科中的主要理论，并经常使用它们——要全部都用上而不是只用几种。大多数人都只使用自己学过的一个学科的思维模型，比如经济学，试图用一种方法来解决所有问题。"芒格把这个理论称为知识"格栅理论"，其内涵和铁路干线很类似。

从铁路干线上的一个站点到另一个站点，即使隔得很远，只要多转车几次，总能到达。这种运输能力和我们的逻辑思维能力很相似，因为都有成熟的、清晰的路径可以利用。铁路干线网越庞大越复杂，一般代表运输能力越强。同样，我们的知识架构越庞大越复杂，一般也代表我们的逻辑思维能力越强大。

在铁路干线上，如果要增加一个新站点，该怎么做呢？我们先找到离这个新站点很近的一个老站点，然后铺设一段较短的铁轨就可以把新老站点连上了。铁路干线网越庞大越复杂，意味这个老站点越好找，成功的概率就越大。我觉得这个过程和直觉思维很相似，对一个新事物进行直觉判断，需要有一个思考的原点，这个原点在你的知识架构之内，和新事物相关度比较高或者说"离得比较近"，然后在两点间寻找一个"一步跨越"的机会，所谓直觉就是这样的过程。原来的知识架构越复杂越庞大，思考的原点就越容易找到，"一步跨越"的成功概率就越大。

举两个例子，第一个例子，乔布斯当年亲自设计了拥有革命性的图形界面的麦金塔电脑的漂亮字体，其灵感源于10年前他退学后在里德学院旁听时学习的书法字体。第二个例子，巴菲特所在的城市有一家当地最大、口碑最好的家具店，是由B夫人白手起家以500美元创立的。当她决定向巴菲特出售股份的时候，巴菲特没有查公司账本，也没有做尽职调查，凭直觉一口就答应了。为什么呢？巴菲特解释说，"我对这个家族及其事业已欣赏了数十年"，"当我们在评断一家公司的价值时，我常常会问自己一个问题：'假设我有足够的资金与人才时，我愿不愿意和这家公司竞争？'我宁愿和大灰熊摔跤，也不愿和 B 夫人家族竞争，他们对采购很有一套，经营费用低到其竞争对手想都想不到的程度，然后再将省下的每一分钱回馈给客人，这是一家理想的公司，建立在为客人创造价值并转化为对所有者的经济利益的基础上"。这样的公司以及经营者是巴菲特研究公司几十年来最喜欢的类型，因此当出现交易机会时，巴菲特即刻就能凭直觉决定。

以上两个例子说明，所谓直觉思维其实不是从天上掉下来的，它和进行长期精心的知识积累从而拥有的良好知识架构有非常重大的关系。

洞察本质需要直觉力和逻辑能力一起配合来完成。逻辑能力是一种线性分析的能力，通过分析事情的各项属性，不断接近本质，有点类似于禅所说的"渐

修"。按禅的理论，渐修是无法直接证得的，最后的
"一步跨越"，看似是一小步，实际却是非线性的、巨
大飞跃的一步，只有通过激发直觉力，打破逻辑所营
造的各种条条框框，瞬间地全部获得，我们才能最终
把握本质。

再换一个角度看直觉力。直觉力强大的人有一个
共同特质，就是敏感度很高，所关心的领域有一点细
微的变动，他都不会放过。如果出现了重大的变动，
尤其是在转折关头，他往往能比别人更早地洞察先机，
这是非常重要的能力。禅常把我们的心比作一面光明
澄澈的镜子，它非常灵敏，可以反映世间万物的本来
面目，但是由于世人无明，这面镜子蒙上了厚厚的尘
垢以致黯淡无光，反映出来的东西就会不清晰。禅修
能去除污垢，让镜子重焕光明。

坐禅是禅修的重要法门。乔布斯介绍过他的坐禅

体验："如果你坐下来静静观察，你会发现自己的心灵有多焦躁。如果你想平静下来，那情况只会更糟，但是时间久了之后总会平静下来，心里就会有空间让你聆听更加微妙的东西——这时你的直觉就开始发展，你看事情会更加透彻，也更能感受现实的环境。你的心灵逐渐平静下来，你的视界会极大地延伸。你能看到之前看不到的东西。"打个比方，坐禅于修行者而言，就相当于电脑"重启"了一次，恍若重生。重生之后的心灵，如乔布斯所述，直觉力会有显著的增强。乔布斯说："这（坐禅）是一种修行，你必须不断练习。"坐禅（meditation）也被译为"冥想"，在西方日渐流行。微软创始人比尔·盖茨、桥水基金创始人瑞·达利欧、《人类简史》作者尤瓦尔·赫拉利等名人近年都在不同场合介绍过坐禅对他们的心灵及事业的帮助。坐禅确实是一种神秘的妙不可言的体验，不亲自尝试，你永远不可能明白。

（2）不二，烦恼即菩提

"不二"的意思是平等而无差别，佛法八万四千法门，不二法门被推崇为至高法门，它超越一切差别而直指本质，是洞察力的最高境界，因此我放在本小节讨论。传统解说高深莫测，我尝试用简明易懂的方式向大家介绍。

1）超越对立

"不二"是指，一些比较重大的看起来非常对立的观念，在更高的维度看其实是一致的。

以生死为例，两者非常对立，但是在更高的维度看，由于有死，我们才会珍惜生命，才会思考生的意义，没有死，生就味同嚼蜡。同时，旧事物的死去，给新事物的诞生创造机会，死是生的契机，生是死的延续。乔布斯对此早已参透。他说："死亡是我们每个人共同的终点，没有人能逃脱它。事情本该如此，因为死亡就是生命最好的一个发明。它促进生命的变革，推陈出新。"

乔布斯还运用这个"生死不二法门"来指导自己洞察生命的意义，他说自己每天早晨都会对着镜子向自己提问，审视自己的状态，"谨记我随时会死去，这是我一生中遇到的最有帮助的工具，它帮我做出了生命中重要的抉择。因为几乎所有的事情，包括所有的荣誉，所有的骄傲、难堪和失败带来的所有恐惧，这些在死亡面前统统消亡，剩下的爱是真正重要的东西"。乔布斯告诉大家，你的梦想是什么，你的人生中最重要的事情是什么，只有在直面生死的时候，你才可能知道。

这个世界从表象看存在太多的分别，其实质都是聚合在一起的一些因缘（条件）在不同环境下所呈现

出来的不同的形态。这些分别有很多种不同的情况，
主要可以分为三类。

- 第一类属于个人主观感受，如美丑、愚智等，
  正如各花入各眼，每个人的标准都不相同。
- 第二类属于相对而非绝对的范畴，如长短、大
  小、明暗等。以长短为例，长与短是相对的，
  并没有绝对的标准，没有最短，只有更短；没
  有最长，只有更长。

第一类和第二类理解起来都不太复杂，我就不展
开论述了。

- 第三类是在一定条件下可以互相转化的，如强
  弱、生死、常与无常、烦恼与菩提等。

这些差别既给我们带来了很大的烦恼，也给我们

带来了巨大的机会，我重点分析一下。

我们先分析强弱。强与弱天然对立，但在更高的维度上看，强弱实质上只是对立双方力量不断消长的某个时点的现状，暂时占优的一方叫强，暂时处于劣势的一方叫弱。强弱也分全部和局部，强的一方不是各部分全都强，在某些局部它可能比对手弱；弱的一方也不是各部分全都弱，在某些局部它可能比对手强。强弱是可以相互转化的，所谓"盛极而衰，否极泰来"，说的是强弱到了某一个极限，弱者逐渐转强，强者逐渐转弱。

知道这个道理有什么用呢？它可以指导我们根据实力的消长情况，灵活制定对策。举个例子，在抗日战争时期，毛主席在《论持久战》中写到，抗日战争是一场持久战，目前日本是强的一方，但它是一个小国，失道寡助，经不起长期的战争；中国是弱的一方，得道多助，能够支持长期的战争。文章把这场持久战分为三个阶段。第一个阶段，是敌之战略进攻、我之战略防御的时期。第二个阶段，是敌之战略保守、我之准备反攻的时期。第三个阶段，是我之战略反攻、敌之战略退却的时期。在不同的战争阶段，我们将采取不同的对策，文章指出第二阶段是整个战争中敌强我弱形势"转变的枢纽"，敌方力量虽然受到重挫，采取守势，但仍然很强，我方的力量在快速增长中，转入进攻，但仍然很弱，此阶段中我方之作战形式主要的是游击战，而以运动战辅助之。到了第三阶段，敌方力量大幅减弱，我方力量大幅增强，但总体上敌方力量仍然比我们强，我们仍然不可以头脑发热，向敌方发起决战，"这个阶段我所采取的主要的战争形式仍将是运动战，但是阵地战将提到重要地位"。[①] 抗战结束后回顾这些光辉论断，不得不对毛主席的远见卓识由衷佩服。

---

① 毛泽东选集（第二卷）[M].北京：人民出版社，1991.

我们再讨论"常"与"无常"。佛教认为，世间万事万物不是恒常不变的，而是无常的，那么在"无常"中，是否会有"常"的存在呢？答案是一定的，这个"常"，我们一般称为规律。不过，所有规律都是有严格的条件限制的，条件发生改变，这个规律也要调整，甚至不再适用。"常"，从发现，到调整，再至最终消亡，极好地印证了世界的本质是"无常"的，这就是"常与无常不二"。

举个例子，牛顿发现了力学的三大定律，极大地推动了人类科技的发展，但是后来人们发现一些天体运动的现象无法用三大定律来解释。爱因斯坦研究后指出，三大定律是受五大条件假设限制的：①空间是绝对的；②时间是连续的、均匀流逝的、无穷无尽的；③时间和空间无关；④时间和运动状态无关；⑤物体的质量和物体的运动状态无关。爱因斯坦提出的广义相对论突破了第一条和第二条假设，狭义相对论突破了第三条、第四条、第五条假设。

明白世事无常还远远不够，焦虑仍然如影随形，我们还要努力在无常的世界里找到规律，才能对未来真正产生信心，才能真正免于焦虑。过分强调世事的无常，而不重视探索阶段性的规律以指导实践，就会导致"不可知论"和"努力无用论"。很多人把无常当作自己悲观厌世、懒惰无能和不思进取的借口。

有人炒股票亏了钱很痛苦，去求"大师"指点，"大师"很慈祥地对他说："要放下！"当时听了好像有醍醐灌顶之感，但回家后发现"大师"说了和没说一样，这个人炒股票还是继续亏钱，他还是很痛苦，所以只是要他放下没有什么用，他也不可能真正地放下，能够帮助他增长智慧，让他未来投资赚钱才更重要。如果我是这位"大师"，我会送这个人一本巴菲特的传记《滚雪球》，并向这个人介绍价值投资的精髓。股市暴涨暴跌乃为常态，是世事无常最极端的领域之一，但巴菲特在这种无常中发现了规律，简单来说就是"护城河"加上"安全边际"，他以这个看似简单的法门笑傲江湖几十年。如果这位朋友读懂了这本书，掌握了价值投资的规律，那么他以后炒股票赚钱就容易多了，在我看来，这才是真正帮助了他。

如何在无常中发现规律呢？我觉得可以分为以下两步：

- 第一步，"无所住而生其心"。一般人的头脑受很多成见、规则、习俗、权威意见等的约束，只会把心"住"于一些有限的条件中，极大地约束了想象力和创造力。我们需要做的是打破头脑里的各种条条框框。
- 第二步，心有所住。根据某种方法论，经过各种尝试，选择一些非常重要和关键的条件，然后把心"住"于这些条件里，构建体系并最终用实践来验证。

那根据什么样的方法论呢？对这个问题佛陀并没有说，为什么没有说呢？因为，佛陀教导我们要打破各种条条框框，打破后我们就获得了无限的可能，如果佛陀说某一种方法最好，那么无限的可能又变成了一种可能，我们又将再一次陷入某种条条框框里，佛陀不是自相矛盾了吗？

其实方法论有很多种，选择哪一种，不同社会文化背景的人会有不同的看法。举个例子，在现在的中国，"辩证法"是一种比较普遍的非常契合中国人传统思维模式的强大的方法论，而且我发现它与禅的思维模式相当契合。它的基本思路是：和佛法一样，也研究事物存在的条件（因缘），但是它把条件分为两类，一类是促进它发展的，一类是阻碍它发展的，我们要判断哪些条件是主要的，哪些是次要的，主要条件决定了事物当前的主要性质。不仅如此，它还会持续地关注主次力量此消彼长的趋势，从而灵活地制定对策。我在上文分析"强弱不二"、介绍毛主席进行战争决策分析时，采用的就是这种思考问题的方法。辩证法不仅能指导战争，也能指导经济建设，改革开放的总设计师邓小平写的一系列指导经济建设的文章，无处不闪耀着辩证法的光辉，40多年来，中国经济发展的巨大成就充分证明了辩证法智慧非凡。在我看来，空性的智慧揭示了世事无常、一切皆有可能，而辩证法的智慧指导我们发现规律并制定对策。两种智慧结合在一起，我相信会生起更大的智慧。

研究不二，我们还可以换一种思考方式：非常对立的两种观念当然会激烈冲突，但如果能够在某种情形下和谐共融，就会产生非凡效果。

举一个例子，一般人对投资的认识是高风险对应高收益、低风险对应低收益，有没有可能做到低风险同时获得高收益呢，而且是长期如此？听起来不可能，但巴菲特认为低风险和高收益其实是不二的，因为唯有不二，财富的积累才可持续。如果财富的持续获得要依赖高风险，那么财富就有可能在某一个无法预计的大波动中流失，这样的例子实在太多。他的方法是：研究具有强大护城河优势的公司，耐心等待时机，在被市场低估的情况下买入并长期持有，实现低风险和高收益的同时兼得。

再举一个例子，一个手机能否操作极为简单，但功能极多、极强大呢？听起来也不可能，但乔布斯做到了。初代 iPhone 简单到只有一个操作按钮，但功能包罗万象，这是怎么做到的？他在手机里建立了一个 App Store，鼓励各种公司为苹果手机开发各种应用，从而实现了操作极简单和功能极多、极强大的同时兼得。

对于"不二"的这种认识，给我们投资选股提供了一个新的思路，多年前如果我对"不二"有这种认知，刚出 iPhone 的时候，我就可能买入苹果公司的股票了。说说近几年的新案例，微信界面非常简洁，它在 2017 年中推出了小程序，各种类型都有，无须下载，即搜即用，非常方便。小程序是微信迄今为止最重要的一次进化，如果可以成功，那么微信就会有一个质的飞跃，前途无量。

2）因应分别

这个世界的现实是存在很多不平等——贫富悬殊、智力差距、身份尊卑等。上升到更高维度观察，这些不平等其实都是"不二"的，那么重回现实维度再看，种种不平等是消失了呢，还是仍然存在？当然是仍然存在。那在更高维度证得"不二"与在现实维度观察"二"（此处指分别）是一种什么关系？

　　我认为，在更高维度证得"不二"，就能对现实这个维度中存在的种种"二"看得更加清晰，理解得更加深刻。为什么呢？因为所谓证得"不二"，是指你知道世间当下的种种分别是在什么条件下形成的，又是在什么情况下两者会互相转化。掌握了这个规律，就能够更好地处理这些分别。

　　举个例子，佛陀早就明白世人佛性"不二"，但是不同的人的根性分别非常大，非常"二"。"二"到什么程度呢？可以分为八万四千种，因此他准备了八万四千种法门，而不是放之四海而皆准的一种法门，对症入药，度化拥有不同根性的众生。

　　再举个强弱不二的例子。还是以毛主席指挥战争为例，当年毛主席在江西井冈山建立根据地，国民党军队进山"围剿"。毛主席非常清楚，现实中敌人的力量百倍强于我们，正面对抗必败无疑，毛主席采取的策略是：主动引诱敌人的一些小分队进入大山里适合伏击的地方，集中数倍于敌人的兵力，也就是说在某个局部处于绝对优势的地位，对陷入重围的敌人予以致命打击，取得了一场又一场的小型胜利，并积小胜为大胜，长久以往，强弱就逆转了。[①]这种思考问题的方法不仅仅在战争中，在一切竞争中都有重大的现实指导意义。

佛法中所说的"无分别心"，可能是最被误解的一句话，这句话的意思是不要执著于分别，而不是否定这种分别。有些人错误地理解了这句话，认为这个世界是没有分别的，四海之内，皆兄弟也，对敌人和亲人一视同仁，后果可想而知。但有人争辩说，假如我们看到王子和乞丐，难道我们就应该厚此薄彼吗？这种观点似是而非，虽然王子和乞丐身份不同，但我们

---

① 毛泽东选集（第一卷）[M] . 北京：人民出版社，1991.

给他们同样的礼遇，源于我们对人性的尊重，这是一种主动的选择，不是说知道他们身份不同就一定要分别对待。

有人说，只要心中存在分别，就会比较，就会产生烦恼。其实，你之所以会产生烦恼，不是由于有这种分别，而是你对这种分别非常执着。如果你不执着，你就不会因此烦恼。举个例子，有个被公认为美男子的男演员比我帅，我认识到了，但是我都不在乎，我烦恼什么？某个人投资做得比你好，比你有钱，例如巴菲特，如果你不在意，那你有什么烦恼？但是如果你在意，你就有烦恼，怎么办呢？通过种种法门，例如打坐冥想否定这种分别有用吗？没有用。有些流派直接在现实这个维度就否定分别的存在，简单粗暴，但是副作用非常严重，甚至会影响我们对常识的判断，使我们自欺欺人，陷入愚昧。

一　心生万法，乔布斯、禅与投资

　　回到刚才那个投资差距的问题，我们只有深刻洞察投资本质和总结规律，并通过实践不断提高胜率，才能很好地解决问题。正是由于存在差距，所以我们才会有动力努力提高自己的能力，智慧才会因此而增长，六祖惠能说的"烦恼即菩提"表达的就是这个意思。从这个意义上来说，有分别，如果你在意，也就是你执着于这个分别，虽然会因此而烦恼，但你也因此有了奋斗的目标，这不是什么坏事。不经历这种烦恼，你就不会有进步。也就是说，有烦恼不都是坏事，过分强调不要有分别，不想有任何烦恼，认为这样才心安理得，很多时候只是一些不思进取的人给自己找的一个借口。

　　人性对分别是非常敏感的，现实中的我们有时候要减小分别，例如，贫富差距过大会引发社会动荡，所以政府有必要采用累进所得税制、征收遗产税等方法减小贫富差距。有时候我们又要加大分别，这主要体现在管理方面，如果措施得当，就可能有很好的效果。我举两个例子。

第一个例子，杰克·韦尔奇担任通用电气 CEO 的时候制定了一个非常有名的年终评估制度——强制性的"2-7-1"法则，规定业绩在前 20％的员工直接加薪、晋升，业绩在后 10％的员工，没有任何借口，直接被辞退。他人为地对员工进行区分，并根据结果制定严厉的奖惩制度，看起来残酷，但对提升企业竞争力作用非凡。我想起自己的一个教训，很多年前，我在一家公司做小领导，当时我刚学习法理，理解肤浅，不管部门的人工作态度如何，我都对他们一视同仁，但结果一塌糊涂，部门效率和执行力都十分低下。约 2 300 年前，韩非子就指出，人性一方面好逸恶劳，另一方面趋利避害，通过区分，重赏厚罚，能在很大程度上激发人的潜力并有效管理团队。几千年过去了，人性何曾稍变？

一 心生万法，乔布斯、禅与投资

第二个例子，乔布斯是"二"到极点的人，他对人的评价不是"天才"就是"白痴"，对产品的评估不是"最好的"就是"狗屎"，没有中间地带。要得到"最好的"评价非常困难，也许是 97 分才能得到，97 分以下的都是"狗屎"。他的下属因此被逼到绝境，到了这种境地，退无可退，只好把一切条条框框打破，大胆创新，苹果公司那些伟大的产品就是这样来的。乔布斯的下属尽管经常被他责骂，但是几乎所有人认为，和他在一起工作是世界上最幸运的事情，因为如果没有乔布斯，他们可能永远都不能突破自己，去完成那些看似不可能完成的任务。这让我想起禅宗的一些听起来匪夷所思的故事，禅师会对学生拳打脚踢、当头棒喝，学生受到极大的刺激，在绝境中被迫冲破一切思维的束缚从而开悟。因此我觉得，乔布斯在苹果公司的角色，其实就是一名禅师，他运用的法门是非常粗暴的非黑即白二分法门，效果非常显著，下属们大彻大悟，迅速成长。

我举的这两个例子，都是人为制造分别并取得良好效果的案例。当然，这种分别要适度，过大的分别会造成过大的刺激和压力，适得其反。

综合"1）超越对立""2）因应分别"两小节，我们对"不二"有了更全面和更深入的认识——不但要在更高维度上证得"不二"，还要在现实维度上明辨分别。二者兼有，才是最高的智慧。《维摩诘经》中宝积赞叹佛陀说"能善分别诸法相，于第一义①而不动"，大致表达的就是这个意思。有一些禅学的书过分强调无分别，而对分别避之不谈，其实是有失偏颇的，这并不是最圆融的智慧。

常听说"人要有平常心"，平常心是什么？我们

---

① "第一义"是指世界"缘起性空"的真相，它是无善无恶、圆融不二的。

要分两个层次去理解它。在初级的层次，是指心要保持安静和专注，而不是心浮气躁。对于更高级的层次，唐代著名禅师马祖道一早有开示，他说："何谓平常心？无造作，无是非，无取舍，无断常，无凡无圣。"也就是说要证得不二。

有一则禅宗公案，可能是禅宗史上最重要的一则，我以"不二"的智慧来解读一下。

神秀作偈曰："身是菩提树，心如明镜台。时时勤拂拭，勿使惹尘埃。"

六祖惠能作偈曰："菩提本无树，明镜亦非台。本来无一物，何处惹尘埃？"

什么是尘埃呢？就是我们的烦恼，烦恼是如何产生的呢？烦恼缘于无明（贪瞋痴）。与烦恼对应的就是我们的菩提（智慧），菩提在我们的"心"里，神秀用明镜台来做比喻。在神秀的偈子里，菩提和烦恼是对立的，很"二"（分别）。我们的菩提（智慧）被烦恼遮蔽了，只有将烦恼扫除，而且要时时勤于扫除，它才会显露出来。

惠能有不一样的认知。《坛经》说："烦恼即菩提。"只有洞察烦恼无常无我的本质，我们的智慧才会开启。有了烦恼，不必心烦意乱，而要欣然面对，因为这是开启我们的智慧的必由之路。所以烦恼就是菩提，菩提就是烦恼。迷即烦恼，悟即菩提。看似很"二"，其实"不二"。

所谓的烦恼，都不过是一些因缘（条件）暂时的、脆弱的和合，如镜花水月、梦幻泡影，似有还无，或者说是真空假有，本质上是不存在的。既然烦恼本质上是不存在的，作为对立面，那么菩提本质上也是不存在的。如果非说菩提是存在的，那么这种最高智慧洞察世间一切都是无常无我的，也就是空，本质都是不存在的，包括它自己。达至最高境界时（觉悟之时），《般若波罗蜜多心经》云："无智亦无得。"《金刚经》云："须菩提白佛言。世尊。佛得阿耨多罗三藐三菩提。为无所得耶？佛言。如是如是。须菩提。我于阿耨多罗三藐三菩提。乃至无有少法可得。是名阿耨多罗三藐三菩提。"更深入一层，菩提在何处？不在西天，而在心里，自心自悟，不假外求。本质上菩提是不存在的，那么，菩提所在之心其实也是不存在的，禅宗所谓"非心非佛"。

为什么我们要说"不二"呢？因为有"二"。其实就本质而言，既没有"二"，也没有"不二"。

没有"二"，也没有"不二"；没有烦恼，也没有菩提；没有尘埃，也没有菩提树；没有心，也没有明镜台。

以是义故，惠能说法："本来无一物，何处惹尘埃。"

不二法门如此充满智慧，它不仅是禅的至高法门，也是道家的至高法门。《道德经》里的一些重要思想，例如"无为而无不为""夫唯不争，故天下莫能与之争""知其雄，守其雌，为天下溪""祸兮福之所倚，福兮祸之所伏"等，所证悟的也是不二。不二听起来虚无缥缈，好像没什么用，但正如冯友兰先生所说，宗教或者哲学是无用之用，以其无用是有大用。

（3）小结：洞察本质、总结规律就是在证悟空性

前文从两个角度分析了洞察力。在"3.创新力，打破常规，非同凡想"末尾，我提到在实践中证悟空性有三种主要的方式，并介绍了前两种，第三种是：

在空性智慧的指引下洞察本质、总结规律就是在证悟空性。一个人对空性证悟越深，对本质的认识、对规律的把握就会越深入。

"3.创新力，打破常规，非同凡想"和本小节讨论了创新力与洞察力，现在来总结一下这两种力和专注力的关系：专注力是一个人心力的基础，可以理解为心的蓄能电池，创新或者洞察本质是非常困难的事情，需要心提供持续的强大的能量才能有所突破，一个人专注力不足，他的创新力或者洞察力却很强，这几乎是不可能的；反过来，当我们的洞察力和创新力越来越强的时候，我们心的专注力也会因这种高强度的思考而得到提升。

5. 担水砍柴，无非妙道

禅是研究心的一门学问，我们每天都在用心，但我们对心的认知非常有限。心是天底下最幽深、最微妙的东西，《金刚经》说"过去心不可得，现在心不可得，未来心不可得"，说的是众生的心总在变化之中，像时间一样，永远不会停留，永远稍纵即逝，永远不可捉摸。对心进行研究，实在是一件非常勉为其难的事情，但总得进行摸索。我思考了很长时间，把心深入因缘、生起万法的能力分为愿力、专注力、创新力和洞察力，并详细探讨每一种力的内涵以及它们是如何运作的，相信这会让我们对心有一些新的更有深度的认知。

重温一下我在"创新力，打破常规，非同凡想"小节给"证悟空性"所下的定义："一切事物都不是可以独立存在的，都不是常住不变的，而是在变化中不断发展的。所谓'证悟空性'，是指通过修行，不但在理论上明白这一点，更要在实践中证明这一点。"

在传统的禅修中，我总结的三种方式的第一种，即通过观察身体、心理、自然现象的缘起缘灭而证悟空性，是一种比较传统的证悟空性的方式。我总结的第二种、第三种方式，即在日常的工作生活中进行创新，以及在空性智慧的指引下洞察本质、总结规律，同样可以达到修炼自心以证悟空性的目的。

六祖惠能非常提倡入世修行，但具体应该如何修行呢？《坛经》里只有很少的一些论述，如"心平何劳持戒，行直何用修禅，恩则孝养父母，义则上下相怜，让则尊卑和睦，忍则众恶无喧"等。他的弟子们在入世理论的探索上进展不大，大致勉强推进至"担水砍柴，无非妙道"[①] 这个地步。

———————

① 意思是担水砍柴也能证悟空性。

证悟空性的三种方式

观察身体、心理、
自然现象的
缘起缘灭。

在日常的工作生
活中进行创新。

在空性智慧的指
引下洞察本质、
总结规律。

一　心生万法，乔布斯、禅与投资

　　冯友兰先生在其著作《中国哲学简史》中专门探讨了这个问题，他写道："还有另外一句常说的话：'担水砍柴，无非妙道。'（《传灯录》卷八）我们可以问：如果担水砍柴，就是妙道，为什么'事父事君'[①]就不是妙道？如果从以上分析的禅宗的教义，推出逻辑的结论，我们就不能不做肯定的回答。可是禅师们自己，没有做出这个合乎逻辑的回答。"我对冯友兰先生的这段话印象很深刻。红尘中事，能否成为妙道？这确实是个非常重要的理论问题。尝试回答这个问题，是我创作本文的重要动力。

　　经过这么长时间的研究，我的回答是：**在日常实践中，凡是需要洞察本质、总结规律与进行创新之处，无不是可以证悟空性的道场。**

---

① 像服侍父亲一样服侍君主，这里是指传统的仕途，推而演之，亦指尘世中的各项事业。

从这个意义看，"事父事君"当然可以是"妙道"，投资、创业、科研、摄影、跑马、烹调、花艺、喝茶……滚滚红尘、世间万事，何事不可以为"妙道"？

但是，从"可以成为妙道"到"成为妙道"是一个非常艰巨的质的飞跃。以喝茶举例，普通人喝茶，只是为了解渴，离"妙道"还差得很远，日本茶圣千利休则用心把"和、敬、清、寂"这四个字的内涵注入一杯茶中，把喝茶提升到了"道"的境界，这便成了茶之"妙道"。为进一步完满地回答冯友兰先生提的这个问题，我会在本文后半部分"道由心创"小节里做更详尽的阐述。

心力禅，入世的禅学

六祖的禅学是原始佛教的一次革命性的进化。但遗憾的是，六祖之后，中国的禅学理论近几百年来的发展比较平淡。我在研究的过程中，受"心力"这个概念的启发，持续地对禅法的一些重要的理论问题有新的思考。除了前文已提到的观点，还有一些其他的重要观点，我也想与大家分享。现在讨论的禅学，既然缘起于乔布斯的心力，我就姑且称之为"心力禅"吧。

1. 指月之指，明心才能见性

一般人把佛法和佛教混为一谈。在我看来，"佛法"就是佛陀证悟的真理，精髓是"缘起性空"；而"佛教"是弘扬佛法的宗教组织体系，内核是佛法，表象则包括很多独特的仪轨、传说等。不少信众对这些表象的东西很熟悉，但对佛法的精髓——空性的智慧反而缺乏足够的认知，这是一件十分遗憾的事情。

　　在此，我尝试向大家阐释空性是什么。在研究乔布斯的这段日子里，我越发意识到，修行者心力的强弱与他对空性的领悟程度有很大关系。相对于空性太抽象、不易把握确认，心力人人皆可感知。我举几个寻常例子：有的人以前工作总是走神，总是不停刷朋友圈，但现在可以很长一段时间不看手机而专心工作了，说明他的专注力提升了；有一位室内设计师进行装修设计时，翻来覆去就是那几个思路，最近一段时间设计灵感源源不断，说明他的创新力提升了；有个证券分析师研究某个行业时，一开始感觉千头万绪，抓不住重点，现在开始明白这个行业最重要的"护城河"是什么，说明他的洞察力有所提升了；有个朋友原来只想安安稳稳打份工，最近在思考创业，打算给这个世界带来一些变化，说明他的愿力提升了；等等。一个人的内心变得越来越有力量的时候，整个人的精神面貌、气质都会发生变化，不仅仅是他自己，他身边的亲人朋友都能觉察到。

一 心生万法，乔布斯、禅与投资

我做投资喜欢买创始人还在直接管理的公司，公司其实是无中生有的，是创始人凭他强大的心力"心生万法"创造出来的。如果他不管理了，后任者可以继承公司的管理制度，但是要继承他的心力，其实非常困难。去公司调研，我特别重视和创始人的交流，向创始人请教他的价值观和愿景，感受他的愿力和专注力；了解公司新产品的规划，感受他的创新力；请教行业存在的一些大问题，感受他的洞察力；还要和各个层级的员工谈一谈，感受一下创始人的心力是否强大到能够强烈影响他们的价值观和生活方式。

一家公司所制定的人力资源标准，一般包括学历、经验、技能、积极性、执行力等，但这些只是表象，如果从愿力、专注力、创新力和洞察力这四个指标加以衡量，我认为才能更好地评估一个人的能力和潜质。一家公司可以制定系统性的方案，通过组织各种活动，如公司愿景讨论、专注力培训、行业创新案例分享、杰出员工经验交流等，全面提升员工的四种心力，在我看来，这才是人力资源非常核心的东西。每家卓越的公司都应该是一个能够强烈地、系统性地提升员工心力的道场。

禅非常强调"明心见性"，"见性"就是证悟空性，"明心"简单说来就是了解我们的心。心如此抽象和莫测，如何"明心"呢？我认为，通过细细体察心力的变化，从而深刻感受它无常无我的本性，就是在"明心"。心力确实是可以被感知的，佛法中的空性常会被比喻为天上的明月，而心力就是指向这轮明月的一根手指。

判断企业创始人心力的方法

向创始人请教他的价值观和愿景，感受他的愿力和专注力。

了解公司新产品的规划，感受他的创新力。

请教一些行业存在的大问题，感受他的洞察力。

和各个层级的员工谈一谈，感受一下创始人的心力是否强大到能够强烈影响他们的价值观和生活方式。

2. 禅法在世间，在工作中修行

现代一些人为什么要学禅呢？有一种流行的说法是"学习用出世的智慧指导入世"，我认为这种说法还不够准确。**佛教和禅并不完全是一回事，我们可以说佛教是出世的，禅源于宗教（佛教）而又超越了宗教。禅的理论核心是佛陀彻悟的真理——缘起性空，它既无所谓入世，也无所谓出世。**把它运用到出世修炼上，如无数高僧大德，功德无量；把它运用到入世的工作创业上，如乔布斯与稻盛和夫，同样可以取得非凡成就。

自20世纪60年代以来，随着日本铃木大拙、铃木俊隆等禅师的努力，禅修在欧美越来越受欢迎，而且大量的禅修者并不是传统的佛教徒，而是基督徒和天主教徒。这是日益国际化的禅（Zen）超越宗教的很好的例证。

一　心生万法，乔布斯、禅与投资

工作就是普通人最好的修行道场，我们要勇于在工作中证悟空性。以前我看过不少传统的开悟的故事，有些人夜睹启明星升起而明心见性，有些人在溪边看到山川倒影而大彻大悟。其实还可以有这样的故事，一名设计师几天几夜不眠不休寻求创意，在灵感迸发的那一刻领悟"无所住而生其心"而大彻大悟；或者一名基金经理在研究互联网行业护城河变迁的案例中，刹那间深明"常与无常不二"而对空性有所证悟。

由于从事证券投资，我常想，还有比股市更好的修炼心性、证悟空性的道场吗？股市暴涨暴跌乃为常态；股市是极具创新精神的地方，常有上市公司开创全新的商业模式，市场本身又常会推出各种新的交易工具，这些创新的东西往往蕴藏着巨大的投资机会；股市又是很好的洞察人性的地方，贪婪和恐惧阶段性集中爆发……在股市这样一个动荡不安同时又充满着无限可能的地方修行，在我看来，效果可能会非常好。

我特别想指出的是，在世间证悟空性不是一个类似于终点冲刺式的结果，而是一个螺旋阶梯式的、永无止境的、自我突破的过程。每跃上一圈新的螺旋阶梯，我们对空性的理解就会发生一个重大的以至质的突破。攀登每一圈螺旋阶梯，我觉得可以分为两个阶段：

· 第一个阶段是放弃顽固的"自我"，也就是要放弃之前个人的种种偏执和成见，回到初学者的状态，以虚怀若谷的态度接受各种观点，这时我们的心就拥有了无穷无尽的可能性。

李小龙在其著作《生活的艺术家》中对此有非常精彩的论述，"你所掌握的知识和技巧应该被遗忘掉，这样一来，你就可以漂流在虚空的世界里，无拘无束，安逸无虑。学习很重要，但不要成为其奴隶"，"让所有的训练随风而去，让心无知无觉地工作，让'自我'消失到无人知晓的地方，只有这样，截拳道才能达到尽善尽美的程度"。这个过程也被道家称为"忘我"或者"无心"。

- 第二个阶段是重建强大的"自我"，我们需要在无穷无尽的可能性中"无所住而生其心"，深入思考事物的各种因缘并进行大量尝试，然后勇敢地提出新的"自我"的见解并接受实践的检验，这是一个痛苦的、风险巨大的过程。这个过程完成后，"自我"涅槃重生，更加广博，更加强大。

打个比方，每个人的"自我"相当于一个小瓶子，第一个阶段相当于把这个小瓶子打破，主动打破这个旧瓶子需要巨大的勇气；第二个阶段相当于重新生成一个更大的新瓶子，成功生成这个新瓶子需要很大的智慧，这两个阶段循环往复。我们可以将这个过程归结为"先破后立，再破再立"。我总结的三种证悟空性的方式，都要经历这样的过程，都是对人的心力的重大考验。

在世间证悟空性是
一个螺旋阶梯式的、
永无止境的、
自我突破的过程。

每一个螺旋阶梯，可以分为两个阶段：

- 第一个阶段是放弃顽固的"自我"，也就是要放弃之前个人的种种偏执和成见，回到初学者的状态，以虚怀若谷的态度接受各种方法，这时我们的心就拥有了无穷无尽的可能性。

- 第二个阶段是重建强大的"自我"，我们需要在无穷无尽的可能性中"无所住而生其心"，深入思考事物的各种因缘并进行大量尝试，然后勇敢地提出新的"自我"的见解并接受实践的检验。

一　心生万法，乔布斯、禅与投资

　　我看过某些著作中教导的修行方法，他们强调第一个阶段，即"放弃自我"的阶段，但没提第二个阶段。他们认为通过打坐冥想等方式放弃"自我"的成见后，真相就会以一种神秘的、不可思议的方式浮现出来。我的一些朋友深信不疑，非常勤奋地练习了，但是遗憾的是，我并没有发现他们对事物有了新的更为深入的认识，或者说他们更有智慧。他们停留在第一个阶段不思进取，却认为自己境界高远。修行就像攀爬一座没有尽头的旋转楼梯，他们才上了几级就以为自己已经身处巅峰。他们之所以会这么想，我认为是长时间修行不得法，生理或者心理上产生了一种错觉，但他们把这种错觉当成了修行的成就。这种观点是不完整和有偏差的，而且很容易误导他人陷入迷惘和虚无的境地。如果能全面深刻地理解证悟空性的这两个阶段，我们就会少走不少弯路。

　　知与行的关系也与心力相关。东方很多哲学家如朱熹、陆九渊、王阳明等都论述过知行的关系。朱陆认为先知而后行，而王阳明认为是知行合一。我认为如果把"知"解释为普通人所理解的感知或者认知，那么只有于觉者而言，知行才是合一的，而对于芸芸众生则未必如此。王阳明说："知而不行，是为未知。"这个"知"与众生所理解的"知"并不是一回事。我的理解是，知与行是有先后的两个过程，而知行合一是目标。知行合一说来容易，但实施起来非常困难。为什么呢？我觉得其中一个非常重要的原因是心力不足。有很多种情况，例如一些人确实打算这么做，但是意志不够坚定，碰到一点困难就打退堂鼓，这是愿力不足；一些人决心是足够了，但在工作中很容易受到各种干扰，难以专注，在一些关键节点总是很难突破，这是专注力不足；一些人非常努力，但是谨慎有余、创意不足，而缺乏新意的产品在竞争中就很容易失败，这是创新力不足；还有一些人对工作的研究深度不足，不能洞察本质、掌握规律，即使再努力也难以成功，这是洞察力不足。因此我认为，愿力、专注力、创新力、洞察力任何一方面有大的缺陷，都可能导致心力不够强大，从而难以知行合一。**要做到知行合一，需要强大的心力。**

禅源于宗教，但是又超越了宗教。禅如此精深的大智慧需要传承，我相信只有与世事更紧密地结合，禅才会有历久弥新的强大生命力。感谢乔布斯——伟大的企业家兼虔诚的禅的信徒，正是他传奇一生所取得的非凡成就，让很多人重新关注禅，这就是我以乔布斯的故事作为全文开篇的原因。在此我要特别指出，尽管乔布斯和稻盛和夫的修行功夫已经很深了，但是他们并不是完人，都有很多缺点，乔布斯的缺点还众所周知地十分突出，他急躁的性情和传统的修行人很不一样，我们没必要因为他们的成就很高就神化他们。

我看了很多关于"世外高人"解读禅学的书，虽然他们也谈到入世修行，但普遍是以超脱凡尘的心态指导压力巨大的现代人如何工作生活的。其中一些书给我的感觉就像一个生活在北极的爱斯基摩人用他的生活经验，来指导一个生活在炎炎赤道的非洲人如何御寒过冬。"心力禅"所研究的禅学，可以理解为偏入世的禅学。我的理解是，禅法在世间，禅既古老悠久而又年轻新锐，禅不消极厌世，而是积极进取，禅不愚昧迷信，而是睿智自信，禅是无限可能，禅是"Follow your heart"（"跟随你的内心"），禅是一种很酷的生活方式，禅让我们认识自己的心从而心生万法，进而开创美好未来。

3. 心与世界的关系

六祖所创立的禅高度强调心的作用，心与世界是一种什么样的关系，这个问题类似于哲学的认识论，它探讨的是人在认识、探索这个世界的规律以及改造这个世界的过程中，心是如何起作用的。结合心力这个概念，我系统地谈谈我的看法。

（1）心生万法

"心生万法"是佛法的重要见地，可以说是佛法认识论的基础，但这个见地由于太抽象很容易被人误解。我们不妨先来参一参心学宗师王阳明那则著名的"岩中花树"的故事。

王阳明和一位朋友来南镇旅游，他的朋友指着岩石中的一棵花树问他："你说过'天下无心外之物'，但这棵花树在深山中自开自落，和我的心有什么关系呢？"王阳明说："你没看这朵花的时候，'此花与汝心同归于寂'；你来看这朵花的时候，'此花颜色一时明白起来'，便知道这朵花不在你的心外。"

　　我从禅的角度来谈谈我的理解。通过所见，我的心可以感知这朵花（感知这朵花还有很多种别的方式，例如听别人提过它，闻过它的香味等），此花因此就颜色明艳地长在了我的心里（"此花颜色一时明白起来"）；如果我未能感知这朵花，这朵花再美丽，我的心里也没有它（"此花与汝心同归于寂"）。想象一下在亚马孙丛林里，一朵美丽的野花在静静地盛放，从来没人见过它，它没能长在任何人的心里，那么这朵野花是真实存在的吗？这朵花当然是真实存在的。人类诞生不过几万年历史，在这以前，无数花开了又谢，谢了又开，它的真实存在当然更是和人没有任何关系。

　　王阳明说的"天下无心外之物"，并不是说离开了心，物就无法存在，或者说天地间有一个神秘莫测、不可言说的主体，勉强起了一个名字叫作"心"，它创造了这个世界；而是说每个人都有自己的世界（天下），这个世界是由自己心的感知而形成的，每个人的世界有大有小，我们之所以要"读万卷书，行万里路"，就是为了通过读书行路增加心的感知，从而扩大我们的世界，这是"心生万法"的第一重内涵。

再看另一个著名的公案。两个和尚看到风吹幡动，一个说是风动，一个说是幡动，六祖说："非风动，非幡动，仁者心动。"这个公案不是说心有某种神秘的力量能让风动或者幡动，而是说，我的心通过眼睛看见并感知到了，也就是心动了，我的世界里因此风飞幡动。如果我的心没有感知到，也就是心没动，那么风再动，幡再动，我的世界里还是风幡全无。

有一个很贴切的比喻，那就是我们可以把心想象成一台相机的镜头，只有这个镜头"看到"了并"咔嚓"一下，眼前的物体才能被记录下来并存放在储存卡里，储存卡里所存放的所有照片相当于一个人所感知的全部世界。

让我们继续更深入地思考，上文说了客观世界是不依赖于我们的感知而存在的。此刻，让我们看一眼这个客观世界，比如你朝热闹的大街上看一眼，你所看到的真的是完全"客观"的吗？人的第一反应都会是说"那当然啦，怎么会有疑问呢"，但实际并非如此。比如，我可能被街边车站的一个最新款照相机的灯箱广告吸引住；一个爱养宠物的小女生注意到一只可爱的小狗在人行道上活蹦乱跳；一个山寨手机厂商一看到有人掏出手机就两眼放光，根本没注意到一位绝色美女正和他擦肩而过。几个人同时看了一眼同一条大街，但是看到的却是完全不同的东西。这个例子说明，你对什么动心，或者说你的专注力放在什么地方，你就看到什么东西。也就是说，你以为自己看到的所谓的"客观世界"非常客观，其实它只是你内心由于专注而产生的主观投射，这是"心生万法"的第二重内涵。

回到风吹幡动这个公案，有人之所以心动了，不仅是由于他能够看到那面旗子，而且是由于他正在专心地看，而不是他被天空中的一只飞鸟所吸引，对旗子视而不见。

看一眼电脑屏幕上的腾讯股价走势图，不同的人其实看到了不同的腾讯。例如，有的人看到了腾讯的基本面，他会认真分析公司的护城河、盈利能力、增长潜力等，这个人是一名价值投资者；有的人看到了腾讯股价和相关的衍生品价格之间的联动性，他正在努力思考套利的策略，这个人是一名套利交易员；还有的人看到了腾讯买卖盘上下 10 个交易价格的跳动，他一心寻思如何设计一个程序，利用其中极微小的差价进行高频交易以谋利，这个人是一名高频交易员。你内心专注什么，你的眼睛就看到什么，每个人看到的都是对的，只要用心把相关研究做到极致，每一种不同的投资理念都能带来成功。

　　还是以相机的镜头做比喻，内心专注于一件事情，相当于把镜头的光圈调到很大，用这个大光圈来拍照，只有焦点处的物体是清晰的，旁边都是模糊的，这样一幅焦点清晰、周围模糊的照片，就是你所看到的客观世界（例如图 1-3）。

© 李国飞

图 1-3　用大光圈拍摄的照片

　　至此，我们还可以进一步深入，你我的心都对一个事物保持专注，例如一朵美丽的花，你所看到的花和我看到的花一样吗？当然不一样，你越专注，或者说专注力越强，那么你看到的世界就越细致。就像用相机拍花，越专注相当于镜头光圈越大，用越大的光圈拍同一朵花，焦点中的花在照片中就显得越突出。而且，为了更好地研究这朵花，你还可以把镜头换成显微镜，那么这朵花里连肉眼看不到的细胞壁都能看得清清楚楚了，这是一般人根本无法想象的境界。把镜头从普通镜头换成显微镜的过程，可以理解为心的洞察力显著提升的过程。可见，不同的人看同样的客观世界，由于专注力和洞察力的差异，他们的心对这个世界的认识就很不一样，主要体现为深度不同，这是"心生万法"的第三重内涵。

不知道大家是否意识到，"心生万法"的第二重和第三重内涵所折射的对这个世界的认知方法和传统的认知方法是非常不同的。例如，我们在工作中争论的时候会说："你没有客观认识这个问题。"言下之意是，对这个问题你很主观，而我是客观的。实际上，这个世界确实是不依赖于我们的心而存在的，因此我们说它是客观的，但是，每个人看到这个客观世界后在心里所形成的画面，其实都是我们内心的主观投射，也就是我们的主观认识，哪有什么客观可言。

这让我想起日本著名的电影《罗生门》，一个武士在丛林中被杀，五个证人分别讲述了五个非常不一样的现场目击故事，每个人都极力撇清自己的责任并归咎于他人。也就是说，他们所描述的故事其实都是由他们内心主观加工过的，每个人看起来都很坚定可信。谁真谁假？这个故事有非常深刻的内涵。历史的真相是什么，其实没人可以说得清楚，每个阐述的人都认为自己所了解的才是唯一的真相，其实这种真相不过是每个人内心的幻象，都是非常主观的。

一 心生万法，乔布斯、禅与投资

用这种认识方法思考投资也很有意思，自从巴菲特的价值投资大行其道，就有教条主义者认为一家公司的价值应该可以通过某个客观公允的估值公式计算出来，然后价格围绕价值波动。持有这种观点的人其实并没有真正理解巴菲特。实际上，无论是多么完美的估值公式，那些估值参数都可以被人为地主观调整，人为计算出来的估值哪有什么客观可言。我们看到的在显示屏上不停波动的股票价格，其实只是一个幻象，只不过是无数市场参与者经过激烈博弈后所形成的阶段性的共识，这个共识的形成包含一系列非常脆弱的假设，包括基本面的、宏观面的、资金面的假设等，这些假设随时都可能发生改变，从而不断形成新的价格。在我看来，巴菲特是真正的智者，他说"众人恐惧我贪婪，众人贪婪我恐惧"，他早就洞察众人情绪的波动会引发股价的重大波动。换句话说，股价波动乃众生心动。我们研究投资到底是在研究什么？其实本质上我们研究的只是心的一种幻象，如梦幻泡影，如露亦如电，虽然我们非常努力地从中寻找规律，但这种规律和相对稳定的物理规律、化学规律不同，它作为一种解释幻象的规律，亦如梦幻泡影。**我认为，越理解缘起性空，就越能理解投资的本质。**

以上总结的心的三重内涵并不是我们的认识的终点，这三重内涵只是探讨我们的心与已经存在的客观世界是如何互相影响的，而我们的心的能力远不止于此，它还能通过分析生起事物的诸多因缘的变化，用它的创新力创造出新的事物，从而改造现有的世界，这是"心生万法"的第四重内涵。例如，iPod、iPad、iPhone 等，就是乔布斯"心生万法"的产物。

在一些宗教的教义里，心的地位是很卑微的，它的任务只是顺从安排。而在六祖的禅里，心被提升到了极高的地位，没有什么是不可能的，只要因缘具足，它就能创造未来，从这个角度看，它就是它自己的主人。

心生万法的四重内涵

- 每个人都有自己的世界（天下），这个世界是由自己心的感知而形成的，每个人的世界有大有小，我们之所以要"读万卷书，行万里路"，就是为了通过读书行路增加心的感知，从而扩大我们的世界，这是"心生万法"的第一重内涵。

- 你以为自己看到的所谓的"客观世界"非常客观，其实它只是你内心由于专注而产生的主观投射，这是"心生万法"的第二重内涵。

- 不同的人看同样的客观世界，由于专注力和洞察力的差异，心对这个世界的认识就很不一样，主要体现为深度不同，这是"心生万法"的第三重内涵。

- 心还能通过分析生起事物的诸多因缘的变化，用它的创新力创造出新的事物，从而改造现有的世界，这是"心生万法"的第四重内涵。

以上探讨的是"心生万法"的四重内涵。一名真正的禅的修行者看待世界的方式和普通人非常不一样：心即世界，世界即心，看似有别，其实不二。通过对"心生万法"这四重内涵的分析，我们可以认识到我们的心可以何等强大。

（2）道由心创

禅在唐朝被高僧从中国引入日本，之后持续创新发展，对日本人的民族精神产生了巨大的影响。尤其值得称道的是，一些日本人把禅的精神注入工作中，把普通的工作提升到了"道"的境界，举世闻名。这个"道"到底是什么，是如何形成的，正是本节讨论的重点。实际上，这种道的形成正是"心生万法"的重大成果。

"道"其实是道家的专门术语，老子认为，宇宙中存在着一种高深莫测的、永恒的、类似本质的东西，不知其名，勉强称之为"道"，道无处不在但没人知道它是如何形成的。从这个意义看，我们世人只是"道"的旁观者，只能仰慕，但我们可以通过修行用心感悟它。后来禅也借用了道家"道"这一术语，但两者的区别还是很大的。禅的体系里并没有这样一种先天就存在的、恒定不变的东西，所有的东西都是由一些因缘（条件）短暂地和合而成，会历经诞生、成长和最终消亡这几个过程。禅的"道"，可以理解成不稳定的、阶段性的一些规律。为示区分，我把禅的"道"称为"禅道"。

先介绍一下茶道，日本的茶道很能体现"禅道"的精神。宋朝著名禅师圆悟克勤说"禅茶一味"，品茶就是悟禅，但可惜的是，自宋之后，时至今日，中国的茶道与禅的关系已经不大了。现在中式品茶的典型代表是潮州的工夫茶，茶客最关心的是茶的品质，好不好喝，所谓一些规矩主要是指冲泡的一些流程。

而在日本，从中国引入茶道后，发展成为一种精神修炼。日本茶道的始祖村田珠光说："茶非游非艺，实乃一味清静、法喜禅悦的境地。"

日本茶道的集大成者是日本茶圣千利休。千利休自幼学茶，18 岁拜武野绍鸥为师。千利休因擅长茶汤成为织田信长的茶头（日本茶道的领袖），信长死后，千利休转而侍奉丰臣秀吉。为推动茶道的发展，他以"吾这宝剑，祖佛共杀"（千利休语）的勇气，对茶道进行了持续的、全方位的、大刀阔斧的改革，由于茶道本身就是融汇了饮食、园艺、建筑、花木、书画、雕刻、陶器、漆器、竹器、礼仪、缝纫等诸方面的综合文化体系，因此，千利休的改革影响远远超出了茶道本身，蔓延到了日本文化的各个方面。茶道的精神或本质是什么？千利休终其一生都在探索，他精心提炼"和、敬、清、寂"四个字的内涵并注入一杯茶中，把日本茶道提升到了前所未有的境界。日本茶道的形成，是千利休以追求极致的精神洞察本质、进行创新的成果。

　　日本茶道的形式非常繁杂，我尝试阐述一下其精华。日本茶道从客人怀着恭敬的心情踏进茶室所在的庭院就已经开始，日式庭院的设计非常讲究，一草一叶都经过精心修剪。客人沿石径来到一个小水槽边稍作清洗，以示荡涤污垢、洁净身心。一进茶室，客人会看到茶室里布置有代表茶道师个人品味的字画，还有一处由茶道师精心准备的插花，因时而异，暗香浮动。等客人全部入席后，室内除了铁壳壶煮水的沸腾声，再无其他声响。由于铁壳壶底铁片经过特殊处理，水沸之际会发出特别的声音，如风吹竹林，又如惊涛拍岸，令人心旷神怡。水沸泡茶后，茶道师为客人点茶，宾客致谢并传杯共饮，其庄严的程度，不亚于一场小型的宗教仪式。主持茶道的茶道师，其实已经不是一名简单的工作人员，而更像一名禅师，在他的刻意引导下，宾客非常用心地合作，共同完成了一项即兴的、隆重的行为艺术，一起追求一种超越现实、超越物质的类似于"禅的开悟"的非凡境界。这种境界，不是自然存在的，而是心的极度精心的创作。

日本的其他"工作之道"同样令人印象深刻。花有花道、剑有剑道，饮食、建筑、相扑、园艺等都各有其道。佛学修行六度（指修行的六种方法）中的"精进"原意是指修行要非常刻苦用功，凡对众生有利的工作，尽力去做，努力不怠，彼岸自达。而在日本禅道中，"精进"逐步演化为"追求极致"，极致的程度印证着精进的程度，越极致，越精进。

于修禅者而言，禅无处不在，哪怕最不起眼、最卑微的东西都完整地蕴含佛性，蕴藏着全宇宙的全部秘密，这就是所谓的"一花一世界，一叶一菩提"。各个领域的匠人因此对自己的工作，哪怕看起来再平凡，都觉得非常神圣和充满敬畏。平凡的工作被各行各业的大师将心注入后提升到道的境界，从此不再平凡。每一个真诚信奉这种"道"的普通人内心都充满了崇高的信念，精益求精，以追求极致的精神洞察本质、总结规律与进行创新，他们的人生从此不再普通，转而熠熠生辉。日本历史上很多匠人家族的传承达数百年甚至上千年之久，每一代都对"道"心怀敬畏，对境界的追求永无止境。今天中国提倡的匠人精神，其源头是中国的六祖惠能，我们家中有珍宝却未能好好利用，是时候重新挖掘、提炼了。

根据禅的理论，心不再是道被动的旁观者，而是直接的、主动的创造者！明白这一点，意义非常重大。我的一个爱茶成痴的朋友说，日本的茶道非常烦琐，非常不适合中国人，中国茶道应该不会比日本茶道境界低，应该会有非常深刻的内涵，只是他还没有悟出来。我说，对呀，中国茶道当然可以有更高的境界，只是实际上，茶不过是一种植物的叶子，经人工处理后尝起来有些特别的味道，仅此而已，没什么好悟的，你要将心注入，把最深刻的哲学内涵——可能是庄子的，可能是六祖的，也可能是王阳明的，甚至是完全自创的，注入这杯茶中，这就是你的茶道。未来它如果被大家接受了流行开来，可能就成了博大精深的中国茶道，一如千利休茶道成了日本茶道。我的朋友听了，恍然大悟。

只要我们用心洞察本质、总结规律与进行创新，并将心注入，我们也可以自创其道。这个"道"推而广之，遍及各种领域，不仅包括日常生活领域的茶道、花道，还包括工作领域的投资之道、设计之道，以及更高深的精神领域的哲学宗教等。值得再三强调的是，"用心洞察本质、总结规律与进行创新"正是本文所总结的证悟空性的三种方式的其中两种。分析至此，回顾一下，冯友兰先生提到的"事父事君，是否也是妙道"这个问题，也就有了完满的回答。下面分析几个自创其道的例子。

先分析投资之道，有很多不同的投资之道。巴菲特创造了所谓的"价值投资之道"，简单说来就是在有安全边际的前提下买入那些有很深的护城河的公司并长期持有；乔治·索罗斯创造了所谓的"宏观对冲之道"，简单说来就是研究宏观数据变化与金融产品走势的相关性，并以对冲的方式顺势而为，两种投资之道都非常成功。另外，还有基金专攻量化交易、高频交易等也取得了很好的回报。即使是巴菲特所创造的价值投资之道，也不是神圣到不可以改变的，也会有人思考加入新的维度，谋求新的突破。

做投资多年，我发现一个很有意思的现象，就是笃信不同投资理念的投资者会互相攻击，一个典型例子就是，一些自认为"血统纯正"的原教旨"巴菲特价值投资者"会非常自信地认为别的投资理念都是邪魔外道。这让我想起盲人摸象的故事，摸到象鼻的盲人认为大象就是一根软管，摸到象腿的盲人认为大象就是一根柱子，而且他们都觉得对方的认知是胡说八道，很可笑吧？其实投资非常复杂，每一种投资理念都是对投资的某一种规律的总结。《金刚经》如是说，"一切法皆是佛法"，"是法平等，无有高下"。无论是你认为无比正确的投资理念，还是被你视为邪魔外道的投资理念，都有其可取之处，都有其缺陷，你都可以通过汲取对方精华谋求新的进化，又何必执著？《金刚经》如是说："不应取法，不应取非法。"（意思是无论是什么法，我们都不应该执著。）每一种投资理念本质上都是心生万法的产物，都有其适用条件，都如梦幻泡影，对一种投资理念最好的坚持，就是随时打算放弃并谋求新的突破。《金刚经》如是说："法尚应舍，何况非法。"（意思是无论是什么法，都应该被舍弃。）

再分析"现代艺术之道"，现代艺术的理念对传统艺术是极大的颠覆。分析最近十多年的艺术品拍卖市场行情，我们可以发现一个重大的趋势，那就是现代艺术越来越受到追捧，现代艺术作品的成交价越来越高。很多人无法理解，觉得毫无美感，甚至乱七八糟、哗众取宠。艺术是为了表现美？为了表现真实？为了表现人性的美好？现代艺术既不肯定也不否定这些观点，但是它认为这些都不重要，重要的是要表现艺术家对这个世界的某种鲜明的、独特的观念或者哲学！

举个例子，有位欧洲艺术家叫卢齐欧·封塔纳（Lucio Fontana），他的一幅作品《空间概念》（见图 1-4）就是在一张纸上划一刀——人人都可以这么来一下，2014 年在苏富比拍卖，拍出了 243 万英磅，约合人民币 2 143 万元。

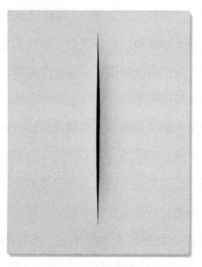

图 1-4 《空间概念》

注：图片由作者拍摄提供。

买的人真的没疯吗？真的没疯。艺术家的这一刀
划破了平面艺术的边界，这一刀把平面变成了一个立
面，这一刀把我们看到的画面从刀缝向后延展至无限
的深不可测的可能，从而激发无穷的想象力。"我想扩
展空间，创造一个维度与宇宙相连"，"探寻宇宙的过

程即为发现未尽空间的过程。划破画布留下刻痕，也就是我探寻永无尽头的空间的方法"。以上阐释来自艺术家的"将心注入"，你觉得如何？你可以不认同，但是艺术市场上很多人认同了，把艺术家自创的这种观念称为"空间主义"，把艺术家尊称为"空间主义大师"，那这一刀就值 2 143 万元。

还有一个著名的例子，法国的马塞尔·杜尚（Marcel Duchamp）在街边的商店上买了一个马桶，然后用笔做了个标记，起名为《泉》，说它是艺术品然后拿去参展（见图 1-5）。这个作品被策展机构拒绝了，因为多数评委不认为这是艺术。

谁也没想到，这个马桶从此名扬天下，它现在被誉为巴黎蓬皮杜艺术中心的镇馆之宝。2004 年有一个著名的艺术机构票选 20 世纪影响力最大的艺术品，它击败了毕加索、达利、安迪·沃霍尔等人的作品，名列榜首。

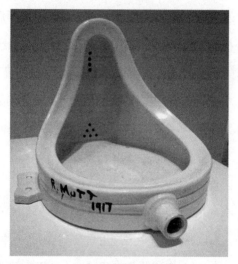

图1-5 《泉》

注：图片由作者拍摄提供。

艺术只能展现形态很美的东西，马桶这种看起来很丑陋的东西就不行？凭什么！

艺术只能展现那种很高雅的东西，马桶这种让人联想到污秽的东西就不行？凭什么！

艺术只能是由艺术家精心创作，而马桶这种粗糙的工业产品就不行？凭什么！

艺术只能供奉在高端大气的艺术殿堂里，而马桶这种放置在普通人简陋的厕所里的物品就不行？凭什么！

杜尚说："《泉》是不是我亲手制成，无关紧要。是我选择了它，选择了一件普通生活用具，予它以新的标题，使人们从新的角度去看它，这样它原有的实用意义就丧失殆尽，却获得了一个全新的意义。"

这件作品对传统艺术的本质、审美、内涵和边界发出了颠覆性的挑战，引起了巨大的轰动。这个马桶在没遇上艺术家之前，就是一个普通的马桶，默默等待着接受藏污纳垢的工作。但有幸被艺术家用自创的观念将心注入而且被广泛接受之后，它就成了一件无价之宝。

由此可见，要成为一名伟大的艺术家，技巧手法不是说不重要，但更重要的是他将心注入作品中的自创的独特观念或者哲学。艺术从来就是"将心注入"，但现代艺术则是把"将心注入"推向了登峰造极的高度。理解了如何通过"将心注入"从而自创其道，你就理解了现代艺术之道的精髓。

"道"是由老子提出来的，从禅的角度看来，它不是什么先天就存在的亘古不变的真理，只不过是老子自己通过观察思考所创造的一种理论，准确来说只是老子之道。回顾老子的一些观点，例如"古之善为道者，非以明民，将以愚之"，他理想中的国家是"小国寡民"，"使民复结绳而用之"（让民众回到结绳记事的远古时代），"民至老死，不相往来"，这些观点到今天当然有重新反思的必要。我们要打破对老子所创造的这种道的迷信。不仅是老子之道，孔子之道、阳明之道，甚至佛陀之道等，都只是这些宗教或哲学大师精进思考所总结的"道"中的一种，智慧非凡，但都不是什么天启的真理，都需要接受实践的检验。

佛陀自证悟后持续说法 49 年，但他在《金刚经》里宣称："若人言如来有所说法，即为谤佛。"佛陀这么说是要破除一切相，让后来者不要迷信任何人，包括他自己。对于各种圣贤的理论，我们都不必盲从，而是要以取其精华、去其糟粕的态度来学习，甚至还可以与时俱进，推动这些理论的进化以指导最新的实践。

最后，我们来思考一下人生之道。人生之道通俗来说就是，人生的意义是什么。其实人的一生也是一些因缘的和合，并没有什么特定的意义。**人生的意义在于我们用心赋予它什么意义，你的心是你的人生意义的总设计师！**

不要再困惑于"我的人生意义到底是什么，我要找到它"，而要思考"我到底要把什么意义注入我的人生"。

思考方式稍作转变，海阔天空，世界豁然开朗。

（3）心为何物

有人会问，心与世界的关系同我们中学就学过的精神与物质的关系是一回事吗？其实并不是一回事。

这个世界的现象可以分为物质现象与精神现象。物质现象，如山河草木，是如何形成的？从佛法来看，它们是由一些条件和合而形成的，至于是什么条件，要由大家研究。精神现象，如意志、情绪，是如何形成的？它们也是由一些条件和合而成的，至于是什么条件，也要由大家研究。也就是说，在佛法的体系里，物质或者精神都不是最基本的，都是由因缘（条件）和合而成的，而且，随着这些和合条件的变化，两者都在持续变化之中。合成两者的各种因缘有很多交集，也有很多不兼容之处，非常复杂，两者恐怕不是简单的谁生起谁或者谁决定谁的关系。

很多哲学或者宗教最关心的问题之一是"到底是精神决定物质，还是物质决定精神"，以禅的视角看，这个问题并非终极问题，而且这个问题的提出意味着一种典型的二元论的思考方式。禅所关心的是心与整个世界（包括精神和物质）的关系，从最高维度看，它们是和谐不二的。传统上，如果认为物质决定精神，我们称之为唯物论；如果认为精神决定物质，我们称之为唯心论。从这个意义看，禅既非唯物论，亦非唯心论。

以上我分享了许多我所领悟的关于"心"的见地，是时候总结一下心是什么了，这是一个非常抽象的概念。

王阳明总结得简单明了："目虽视而所以视者，心也；耳虽听而所以听者，心也；口与四肢虽言动而所以言动者，心也。"更系统一点，我们能听、能说、能闻、能感觉、能思考、能表达感情，为什么我们可以做到这些？原因是我们有心。换句话说，让我们能听、能说、能闻、能感觉、能思考、能表达感情的隐藏在背后的那个东西，就是我们的心。

这种对心的认识，其实还不够通透。六祖开悟时说心之自性：本自清静，本不生灭，本自具足，本无动摇，能生万法。其中最重要的就是"能生万法"。从更高维度来看，心就是那个能感知世间因缘、能生起万法的东西。心为什么能够感知世间因缘，能生起万法呢？原因是它能力很强，能够证悟空性。心能证悟空性，空性存于一心，从更高的视角看，心的本性与空性是一回事，心的本性即空性本身。

也可以用"体用"这种关系来描述心，"体"是指本质、本性，或者"本来面目"等；"用"是指功能。我来给心下一个特别简洁的定义：**心之体是空性本身，心之用是生起万法**。

那心力又为何物？**心力是指心生起万法的能力**。

4. 空性即自由

空性有很多认知的角度，其中一个认知角度就是"不可说"。

《金刚经》说："如来所说法，皆不可取，不可说。"这句话似乎很难理解。为了解释"不可说"，我勉为其难说一说。

这从何说起？我从一朵花说起。空性无处不在，"郁郁黄花，无非般若"，也就是说从一朵花中也能证悟空性。如果你证悟了，问你花是什么，你也会说"不可说"。为什么呢？花是由很多因缘（条件）和合而成的，到底有多少种因缘呢？答案是无穷多，无穷多的因缘的和合决定了花的无穷多的特性，每一种特性都有无穷多的奥秘，例如花的颜色怎么会五彩缤纷？有些花会与蚂蚁等昆虫形成一种共生的关系，它们是如何互惠互利的？花与阳光的合作，即光合作用的机制是怎么样的？花开花谢是由什么因素决定的？亿万年来，花的进化经历了哪几个重大阶段？……禅说"一花一世界"，一朵花虽小，却蕴藏着一个庞大的世界，你问花是什么，让我如何告诉你？我告诉你花的某一个特征或某一个奥秘，那我就遗漏了它的无穷多的其他特征和奥秘，我没办法告诉你花是什么，我只可以告诉你花不是什么，例如花没有翅膀、花不会唱歌等。

◆《蜂鸟》照片两张
　拍摄于秘鲁

一只小小的蜂鸟在花枝上吮吸花蜜

◆《一代人》
　　拍摄于加拿大班夫

一只雪鸮在黑暗冬夜的漫天风雪中静静伫立，黑色的眼睛微笑着审视着这个世界

标题灵感源于《一代人》这首诗：黑夜给了我黑色的眼睛，我却用它寻找光明

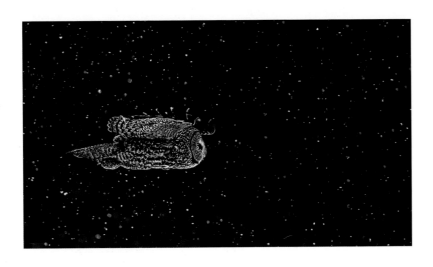

◆《魔法信使》
　拍摄于加拿大班夫

傍晚，大雪纷飞，这只乌林鸮（传说中魔法世界的信使）在那一刻把翅膀收起来在空中滑翔

◆《太极图》
　拍摄于博茨瓦纳

一对猎豹兄妹伸出舌头互相清洁脸颊，形态很像中国传统的太极图

◆《寂寞无边》
　拍摄于埃塞俄比亚

一只白鹭在广袤的非洲大草原上孤独地飞行

◆《荆棘鸟》
　拍摄于埃塞俄比亚

一只花蜜鸟从荆棘丛中掠过

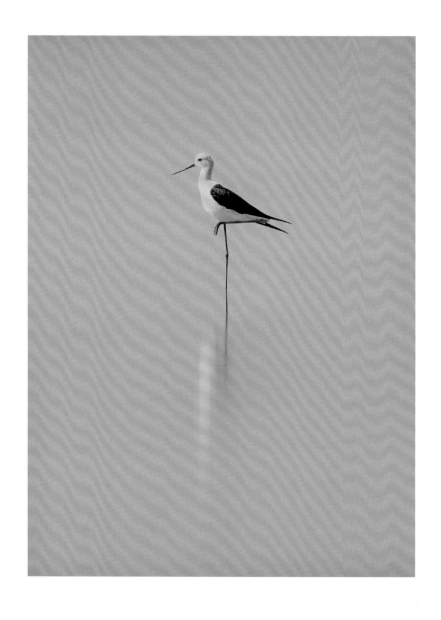

◆《岁月静好》
　拍摄于博茨瓦纳

湖面上一只黑翅长脚鹬优雅地独脚立于水中，时光仿佛已经暂停，一切都那么安静美好

◆ 《弄潮儿》
  拍摄于南非瀑布崖

海水激涌至岸边，拍打着礁石，风一吹化为白烟。一只海豚从烟浪中穿出，高高跃起

◆ 《秃鹫与金合欢》
  拍摄于肯尼亚马赛马拉大草原

一棵姿态非常优雅、生机勃勃的金合欢树，平坦的树冠上有一只秃鹫正在四处张望

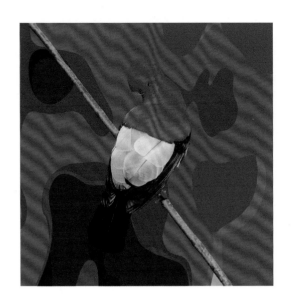

◆ 《红粉佳人》
　拍摄于秘鲁

一只非常美丽的伞鸟站立枝头

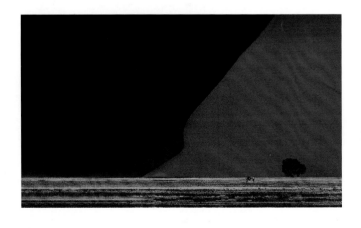

◆ 《悠然自得》
　拍摄于纳米比亚红沙漠

黄昏时分，夕阳斜照，不同朝向的沙丘侧面明暗反差极为强烈，一只小小的剑羚在吃草，悠然自得

有人说你告诉我花的主要特征就行，只是，即使面对的是同一朵花，摄影师心中的那朵花和花农心中的那朵花，以及植物遗传学家心中的那朵花，其实是完全不同的花，哪一个特征是"主要特征"？你根据你认为的"主要特征"深入研究这朵花，就像突然间跌进仙境的爱丽丝，你所看到的，是一个无边无际、色彩斑斓但同时迷雾重重、玄机四伏的世界，而且每一个跌进仙境的爱丽丝看到的都是完全不同的世界。你真的全然了解这朵花吗？你真的能够回答花是什么这个问题吗？如果你明白了花不可说的道理，你也就会明白空性不可说的道理。

"空性"的另一个认知角度是"自由"，所谓证悟空性，就是打破框框，获得自由。

六祖开示："去来自由，心体无滞，即是般若。"禅的思维方式是非常独特的，它从一开始就认为这些框框都是暂时的和脆弱不堪的，它们之所以存在就是为了让我们去打破。乔布斯为什么好像很容易就颠覆这颠覆那，我相信禅的思维方式对他影响巨大。我们的思维里有很多非常坚硬的框框，只是我们可能不自知。

以投资举例，腾讯 2013 年发布微信支付功能，"社交 + 支付"有没有前途？很多人以腾讯多年来做财付通一直没做好为理由，认为那只是一个噱头；阿里巴巴的人也进行了评估，认为微信支付没有好的购物场景，机会渺茫。但微信支付以春节发红包为突破口一举打破了这个框框。根据 2017 年第一季度的数据，微信支付月使用用户数超过 6 亿，日均交易次数超过 6 亿，把支付宝大幅甩在后面。微信支付的成功，让大家重新评估腾讯金融乃至腾讯生态的潜力，这是近年来腾讯股价惊人上涨的一个非常重要的原因。很多人未能把握这种机会，是由于头脑里有很多根深蒂固的成见，当有新的趋势出现时，未能敏锐地觉察。禅强调回归"初心"，就是要我们放下成见，以初学者的心态接纳一切变化。乔布斯说的"stay hungry, stay foolish"，即"保持既饿又傻"，非常形象地呈现了人回归初心时那种永不满足、虚怀若谷、积极探索的状态。

如果有人问我，我是不是一名价值投资者，我会认为不是，我甚至不认为自己是一名禅的信徒。**因为，一旦你给自己打上标签，就会自设囚笼，自我强化。**

举个投资的例子，有这么一种投资者，如果他的仓位很重，他就总是看多，任何重大的财经事件，他都会往好的方向解读，任何坏的消息他都会选择性视而不见，反复自我强化。从投资来说，他已经丧失了对市场的敏感度，这是一种很危险的倾向。有一位颇有名气的经济分析师，从十几年前开始就持续看空中

国楼市，涨也看空，跌也看空，从未更改观点，也不
进行反省，他已经被自己的观点关进了笼子里。

美国有一家大型的对冲基金公司为解决这种自我
强化的问题，规定在买入一只股票之前要预先给这次
投资办一次"追悼会"，也就是说要先假定这次投资
是失败的。为什么会失败？要非常详细地列出几个最
大的可能，如果理由不充分，那么说明你还没有真正
明白风险所在，是不能买入的。一旦真正买入之后，
就要设立一些观察指标来跟踪公司的运营，出现黄灯
就要加倍警惕，出现红灯就要毫不犹豫地清仓出货。
这家公司的方法非常值得我们学习。

巴菲特说过，买股票时如果不想持有10年，就不
要持有10分钟，但是据统计，自20世纪60年代开
始至2008年，有数据可查的，他一共投资了200多
只股票，持有超过3年的，只有22只。巴菲特买入

的时候确实是想持有 10 年的，但是形势比人强，一旦发现公司情况不如预期，该处理的就要处理。我们不能抱着买一只股票就要厮守一生的想法来投资。投资变化无常，风险很大，我们要警惕各种执念，我们要勇于随时打破各种执念。

随着我对空性认识的加深，我越来越意识到人生就是打破一个比较小的笼子，闯入一个更大的笼子的无限循环过程。每打破一个笼子都非常艰难，因为每一个笼子都看起来坚不可摧。用什么打破笼子呢？用我们内心的力量，这种力量，首先是愿力，即我们有没有强烈的愿望，有没有极大的勇气去打破它；其次是专注力，只有高度专注，如激光一般，我们才能积蓄所有能量去打破它；最后是创新力和洞察力，也就是具体实施的力量，努力尝试一切方法去打破它。这种力量要持续修炼，直至某一天，当我们的心力足够强大的时候，我们一脚踹破笼子，从而进入一个更大的笼子，获得更大的自由。**所谓人生境界的高低，其实就是指你在一个什么样大小的笼子里。人生的终极追求，就是把所有的笼子全部打破，迈入一个广阔无垠的空间，获得彻底的自由。**所谓成为觉者，亦是如此。

全篇虽然都在论述乔布斯、禅与投资，但每一字、每一句都意在直指人心。说来说去，说了又说，但其实，什么都没有说。

| 本文首发于 2017 年 11 月 20 日

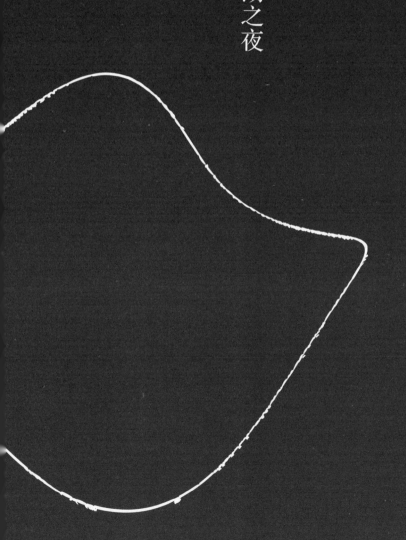

二

仁者心动，

萨尔瓦多湖之夜

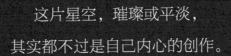

这片星空，璀璨或平淡，

其实都不过是自己内心的创作。

不期而遇

2014 年 7 月 22 日，秘鲁丛林探险之旅第七天，我们探险团一行 6 人，按计划从马努国家公园启程前往秘鲁的一处名胜——萨尔瓦多湖。行程折腾得令人忧伤。我们清晨 6 点半便出发，乘船 3 小时，又乘车 1 小时，再转乘渡轮 10 分钟，匆匆在路边吃过午饭后继续乘车 2 小时，来到探险公司办理一些过关手续，接着再乘车 10 分钟，然后再转乘渡轮半小时，下午 5 点多终于上了岸，眼前是一片茂密的丛林。导游催促我们一刻也不能休息，要尽快徒步穿越过去，因为天很快就要黑了。

下午下过雨，狭窄的山间小路泥泞不堪，两旁的树木遮天蔽日，山路黯淡无光。我身上背着20多公斤的行李，可偏偏又忘了带电筒，只好紧跟着导游，借着他手上微弱的手电筒光赶路，深一脚浅一脚，走得提心吊胆，但又不敢放慢脚步。我的雨鞋打滑好几次，我差点摔到烂泥里，心里非常紧张。难走的路总是特别漫长，越走丛林越黑，行李越来越沉。走了很久，似乎没有尽头（后来才知道走了近3小时）。终于，导游停下了脚步，示意我们休息一下。我一屁股坐在地上，这才发现，衣服都被汗水浸透了，人也快虚脱了。

五六分钟后，我突然听到一个陌生人的声音，导游叫大家重新背上行李。直到走到导游面前我才发现，眼前是一条三四米宽的狭长而蜿蜒的小溪，一只细长的独木舟就漂在上面。上了小舟，坐在细小的木板上，我仰头看了看，高高的树枝密密麻麻，遮蔽了天空，四周一团漆黑。坐在船尾的船夫缓缓地推开双桨，独

二 仁者心动，萨尔瓦多湖之夜

木舟悄无声息地划破水面，驶入漫无边际的黑暗之中。

突然间，眼前有微弱的淡黄色的亮光在闪动，先是亮了三四点，转瞬间又亮了七八点，紧接着十几点，在眼前飞舞，风一般一晃而过，突然间，一起熄灭了。"萤火虫！"有团友开心地叫了出来。五六秒后，在丛林更深处，几十盏萤火忽然间又集体微弱地晃闪了一次，便神奇地永远消失了，丛林重新陷入黑暗之中，但微笑已留在我们每个人的脸上。上一次看到萤火虫是什么时候？年代久远得我都忘记了。想起小时候，每次在夜晚看到萤火虫，都激动得撒腿就跑去抓，那一份纯净的快乐，我今天都还记得。

小舟继续曲折前行，没过多久，从窄窄的水道望向前方，我隐隐约约看到了一小片泛着银光的湖面。船夫加快了划桨的节奏，小舟飞快地穿过小溪的入湖口，箭一般地跃入未知的湖水中。

一个非常宽广的湖面突如其来在眼前展开，平静如镜，一丝涟漪也没有。湖面很亮很晃眼，我仔细一看，大吃一惊！原来整个湖泊，从平静的表面到幽幽的深水里，一层又一层，一盏又一盏的小星星，数以百万计的小星星，静静地浸在清澈的湖水中，或深或浅，忽明忽暗，静悄悄地闪烁！

抬头仰望星空，天上没有一丝云彩。浩瀚无边的深蓝色天幕中星光闪动。在天幕的中央，有一条巨大的横跨大半个天空的乳白色亮带，仿佛一条奔腾的河流，而其中又夹杂着大大小小烟熏一般的深褐色的色块，仿若河流中的岛屿，这就是传说中的银河！无数颗大大小小的灿烂的星星密聚于此，竞相闪烁，流光汇织，点燃整个夜空！清澈的萨尔瓦多湖则倒映着这条巨大的闪闪发光的银河。眼花缭乱之际，我已意乱神迷。曹操"东临碣石，以观沧海"时，感慨"日月之行，若出其中，星汉灿烂，若出其里"，这境界何

二 仁者心动，萨尔瓦多湖之夜

等雄奇，今天"幸甚至哉"，我竟然亲身领略了。

当其时也，壮阔无边，天上的银河和湖里的银河交相辉映；细小如尘，一只独木舟，静静穿梭于这两条璀璨银河之间，迢迢暗渡。

我当时就在想，如果今夜是牛郎与织女一年一相逢的七夕该多好啊！"织女今夕渡银河，当见新秋停玉梭"，这一古老的传说，当下便可以实现。

这小舟里的6个中国人，经过一天的艰辛劳顿，在没有任何心理准备的情况下，猛然置身于这梦幻一幕。时至今日，每当我回想起那最初的感受，都仍然觉得恍惚迷离。

导游指着银河中心的一处很亮的星团，用手指比画出一个十字，告诉我们这就是有名的南十字星。星座中主要的亮星组成一个"十"字形，从这个"十"字形的一竖向下方一直画下去，直到约 4 倍于这一竖的长度的一点就是南天极。南十字星特别明亮而且容易辨认，因此古代的航海者常用它来导航。我们继续观察整个星空，仔细辨认着人马座、天蝎座、仙后座……太清晰和明亮了。

小舟继续向湖对岸划去，我们从最初巨大的惊喜中逐渐平静了下来，默默无言，如痴似醉。突然间，有人叫道："流星！"我赶紧仰头一看，一颗非常明亮的暗黄色的流星拖着长长的淡红色的尾巴，从银河淡淡的白烟中一掠而过，那么美艳，却转瞬即逝，叫人迷恋，也令人惆怅。

小舟离岸边只有十几米了，导游打开了手电筒。突然间，我发现眼前有奇异的亮光，一晃而过。这是什么？导游用手电筒在湖面上又左右照射几次。"是鳄

二 仁者心动，萨尔瓦多湖之夜

鱼的眼睛！"有人说。我们这才注意到，有一条两三米长的鳄鱼静静地浮在水面上。墨绿色的眼睛格外明亮，只要被手电筒光照射到，就会反射出一种幽幽的神秘的光芒。我马上打开相机给它拍照，湖面如此平静，纹丝不动，以至于我拍到了它的头部和它完整清晰的倒影。导游说这是凯门鳄。我们慢慢朝它划过去，离得很近了，它仍然一动不动，沉默地注视着我们，突然间，它将头沉埋水里，摇摇尾巴，转眼间消失得无影无踪。

我脑海里闪现出电影《少年派的奇幻漂流》中一个让人过目难忘的画面：繁星满天，夜空和海水晶莹剔透，一艘小船静静地漂浮在平静如镜的海面上，一只老虎傲立船头。我觉得我们的这一夜，与之何其相似，不同的是，一条神秘的凯门鳄，代替了那只孤独的老虎。

　　船至岸边。在湖中的整个旅程，不过约 50 分钟，但是那种美丽和神秘如此极致，以至于我都不愿下船离去，这是我人生中经历的最美丽、最动人的夜晚之一。这是梦吗？如果这真是一个梦，我希望永远不要醒来。

　　上岸后，我沿着一段蜿蜒的木栈道向上走到湖边客栈，内心仍然激动不已。在前台登记的时候，我忍不住向工作人员描述今晚的经历。然而，尽管她彬彬有礼，眼神里却是敷衍和麻木，显然，她对这片星空并没有什么感觉。放好行李后，我和同行伙伴来到客栈酒吧共聚。感动如我，还有两三位小伙伴，还在一遍遍回想细述，但我也发现，有的小伙伴一直在玩手机，根本无心参与讨论。我明白了，在他们的心目中，这个夜晚固然不错，但也不见得有那么特别，可能很快他们就淡忘了。

心即世界，世界即心

我回到客房，静心打坐。一个古老的哲学问题突如其来，萦绕心头：到底是这美丽的星空震撼了我的心，还是我的心生就了这美丽震撼的星空？

我深深地吸了一口气，缓缓地闭上眼帘，恍恍惚惚间一切都消失了，包括时间，世界陷入了无边无际的黑暗与虚空之中。不知道过了多久，不知怎么突然间心念一转，镜湖、萤火、繁星、银河、流星，还有那只神秘的凯门鳄，又清晰地浮现心头，而且舍弃了那些无关紧要的琐碎细节，一切都变得更加鲜明和纯粹。我突然意识到，在我的心里，原来有了一片星空，这片星空源于现实，但经过我内心的剪辑，变得更加极致、更加完美了。

今晚的 6 位中国人，还有前台的那位接待员，每个人的心里都会拥有自己的星空，有的无比璀璨，有的平淡无奇。也就是说，这片星空，璀璨或平淡，其实都不过是我们自己内心的创作。

我由此领悟到：没有我的心，这星空就不会这么璀璨动人；确实是我的心，生就了如此震撼璀璨的星空！

再延展一下，这个世界，究竟是美丽的还是丑陋的？其实也是由我们的心决定的。**你内心的世界是美丽的，那么它便光彩夺目；你内心的世界是丑陋的，那么它便面目可憎。**

这个世界是什么状态？如果你的内心平静祥和，那么它便喜悦充盈；如果你的内心焦躁不安，那么它便如沸油翻滚。

二 仁者心动，萨尔瓦多湖之夜

世界系于一心！

阳明先生说："天下无心外之物。"是何道理？星空下我若有所悟：究其根本，天下万法，悉由心生！

漫漫不眠夜，星光入我心。

第二天我们整日都在湖区流连，清晨欣赏朝霞，傍晚静观落日，云蒸霞蔚，色彩万千。萨尔瓦多湖被誉为秘鲁最美丽的湖，确实名不虚传，但是我们更期待的是当晚的星空。于是，晚上不到7点，我们早早就泛舟湖面，然而，天空乌云一阵阵飘过，星星明显疏落了许多，也黯淡了许多，而且湖面上泛起了微风，涟漪不断，星沉湖底不复再现。才隔一晚，恍如隔世，果然世事无常。不过我并不觉得特别遗憾，因为最动人的那一刻，我已用心感悟。

　　萨尔瓦多湖那一夜，就我人生经历而言，已成传奇。在一些繁星满天的夜晚，我总情不自禁地一遍遍回想。花开花落，无非法身，月圆月缺，即是般若。造化神秘的启示，有心人无心而得之。萨尔瓦多湖之夜，星光灿烂，确实非常精彩，很多年以后，我才意识到，那是一个多么美妙的修行的道场。这一夜，我对"心与世界"的关系有了一些新的认知，将心注入，诉诸笔下，分享与有缘人。

　　　　　　｜　本文首发于 2018 年 9 月 20 日

三

将心注入，

我对摄影艺术的

一些思考

禅法在世间，不离世间觉。

担水砍柴，无非妙道，投资摄影，亦是禅修。

　　很高兴我的作品《太极图》（见图 3-1）获得了索尼世界摄影大赛 2020 年度"自然及野生动物"组别的冠军大奖。索尼世界摄影大赛是世界上参赛作品最多（本届收到了创纪录的来自 203 个国家的近 35 万张照片，作品无摄影器材限制）、影响最大和最权威的摄影比赛之一，我是第一个获得这个组别冠军的中国人。有一家摄影媒体向我约稿，让我谈谈感悟，我想了又想，自己学习摄影 8 年了，是时候总结一下了，于是提笔写了这章内容。

© 李国飞

图 3-1 《太极图》

我的摄影历程

我从小没表现出任何艺术上的天分。从小学开始，我一直很不喜欢上美术课，成绩总是勉强合格；写字无比潦草，写完过几天连自己都认不出写了什么。过往偶尔也用过相机，用自动挡，连光圈是什么都不懂。直到 2012 年 5 月，我带着一台借来的佳能单反相机到厄瓜多尔的加拉帕戈斯群岛旅游，很幸运地遇到两位同行的资深摄影高手酷鱼和北平，他们非常热情地指导我。我在他们的鼓励下战战兢兢地举起相机时，才从小小的取景框里发现了一个前所未知的美丽新世界。在将近一个月的旅途中，我白天上岛四处拍照，晚上沉迷于修图，连觉都不睡，然后发微博等点赞，那种疯狂的激情，我至今记忆犹新。

我从此一发不可收，去世界各地到处拍摄，以拍摄野生动物为主。2013 年，也就是我学习摄影一年之后，我在纳米比亚拍摄的照片《悠然自得》获得了《中国国家地理》年度摄影比赛的"极致气质奖"；又过一年，2014 年，我在秘鲁拍摄的照片《义无反顾》获

得了美国《国家地理》中国区年度摄影比赛的优秀奖
（年度前十名）；2016 年，我在加拿大拍摄的照片《魔
法信使》获得了美国《国家地理》中国区年度摄影比
赛的二等奖（年度前三名）。当时我就暗暗定下了一个
小目标，希望以后可以拿美国《国家地理》中国区摄
影比赛的第一名，但没想到，今天拿了一个更大的世
界级的大奖。

捕捉刹那精妙

回首这些年来摄影的心路历程。2013 年 7 月，我
和几位摄影高手到纳米比亚自驾拍摄自然风光和动物。
看到不错的场景，大家就凑在一起拍摄，拍摄时间、
地点和角度都很相似。晚上我会打开他们的相机，看
看他们拍得如何。我惊奇地发现，不同人拍摄同一场
景居然差别很大。而且我还发现，自己拍得好像也还

行，某些场景拍得比高手们还要好（这次旅行拍摄，
我有三张照片入围了 2013 年《中国国家地理》年度
比赛，其中一张还获了大奖，而且还有两张照片入围
了第二年的美国《国家地理》中国区年度比赛）。而当
时，我摄影才刚一年，摄影器材、技术和技巧与他们
相比还差得很远，为什么会这样呢？我当时真的非常
惊讶，百思不得其解。多年后，随着拍摄经验不断增
长，我才慢慢明白，摄影除了器材、技术和技巧，还
有更重要的东西。我们按下快门的刹那，不经意地起
着决定性作用。

　　那是一种什么样的东西呢？思考多年，我想从禅
这个视角谈谈我的认知。

　　我进行禅修多年，对禅略有心得。于禅观之，这
个世界并不真实，如梦似幻。在这个太虚幻境里，无
论多么美好的东西，都如昙花一现，稍纵即逝。而且，

身在其中的每一个人所感知的，其实千差万别。在这样一个如梦似幻的世界里，摄影意味着什么？摄影意味着把这一刻你眼睛里所闪现的稍纵即逝的幻象来一个定格，然后给它一个解读。解读者是谁？你的心！**在你的心的解读下，无情的事物，可以变得有情——花会溅泪，鸟能惊心，蜡烛可替人垂泪到天明。这个解读，禅说是"将心注入"。**

同一场景，有人觉得太常见、平平无奇，而你可能在某一个小局部里发现了不为人知的美；别人顺光拍摄，而你可能觉察逆光下的故事更加精彩。你举起相机，每一次按下快门，都是一次将心注入的旅程。按下快门的其实不是你的手，而是你的心。此外，摄影后期制作属于二次创作，对深化主题至关重要，同样需要将心注入。无论是按下快门的那一刻，还是后期制作的那一时，你其实都是一名编剧，正在用心创造一个动人的故事，而光影只是这个故事的载体。前面所说的摄影中"起着决定性作用"的那种东西，正是摄影师将心注入的能力！

将心注入只可意会，不可言传，但决定了摄影师摄影境界的高低。禅宗六祖惠能说我们的心本来清静，本来具足，但在成长的过程中，由于受到了世间形相、观念、习俗的种种束缚而日渐沉沦。当有那么一天，我们的心可以打破这些条条框框，解除各种羁绊，从而回归"初心"之时，我们的心才能重新恢复它无尽的活力，我们才能穿透尘世表象，彻悟世间真相，从而进入无我和自由的境界。对一个摄影师而言，心对光影的变化会更加敏感，心观察这个世界的视角会更加独特，那样的一颗心，将心注入的能力就会很强大。

理论很抽象，我来举两个例子。

《魔法信使》（见图 3-2）是 2016 年 2 月我在加

拿大班夫自驾时拍到的。这只乌林鸮的飞行姿态非常
罕见和奇特，双目精光四射，专注而刚毅。我当时就
有一种强烈的感觉，它就是《哈利·波特》中那个忠
心耿耿的信使。魔法世界有大事发生，它有一封非常
重要的信要尽快送到哈利·波特手中。顶着漫天风雪，
它日夜兼程，历尽艰辛，最终不辱使命。这个将心注
入的故事如何？我自己都被打动了，可能评委也被这
个故事打动了，最终这张照片获得了 2016 年美国《国
家地理》中国区年度摄影比赛的二等奖。

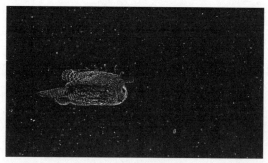

©李国飞

图 3-2 《魔法信使》

三　将心注入，我对摄影艺术的一些思考

　　我在第一章中写道："这只真实的乌林鸮其实不过是匆匆掠过树梢，快门一按，它飞进了我的心。当它飞进了我的心后，就发生了一些变化，它已经从客观时空中分离出来，失去了时间的连续性和空间的延展性，继而成了我内心所编织的一个动人的故事的主角——'魔法信使'，它从一个客观事物变成了我的纯粹的精神现象。从那刻起，它就不再是一只普通的鸟了，它承载了我对它的一些感情或者幻想，可以说，这只鸟由于我'将心注入'，它重获新生，有了全新的意义。"

　　再以《太极图》举例。

　　在博茨瓦纳一个保护区的小树林里，我们开车遇见了刚跑到这里来的猎豹妈妈和它的两个孩子（兽导说它们是一对龙凤胎，我就当它们是兄妹吧），它们全都是一副惊魂未定的样子，胸脯急剧起伏，喘着粗气，而且嘴角还血迹斑斑。兽导向旁边的车一打听才知道，原来这母子仨几小时前猎杀了一只羚羊，正吃得津津有味，一只大花豹气势汹汹地冲过来抢，吓得它们赶紧逃到了这里。我们开车围着它们拼命拍照，最近距离只有五六米。突然，我看到哥哥走到了躺着的妹妹身边，哥哥俯身向下，妹妹抬头向上，互相舔着嘴角的血迹，时间持续了大约 30 秒，场面非常温馨动人。

我抓住这非常罕见的机会拍摄完后一看，一张中国人非常熟悉的"太极阴阳鱼"图呼之欲出。两只小豹子一公一母，正是中华文化里阴阳的象征；它们连接在一起的头部所形成的曲线，酷似太极阴阳鱼图中的那个"S"形；两片红色的小舌头又刚好处于两只鱼眼的位置。猎豹的华丽剽悍居然可以与太极的含蓄和谐完美合一！我灵感勃发，将心注入，把这张照片命名为《太极图》。老子说："万物负阴而抱阳，冲气以为和。"这张照片深厚的文化内涵，是它能够获得索尼世界摄影大赛 2020 年度"自然及野生动物"组别冠军大奖的主要原因。

摄影中的审美哲学

每一个民族都有独特的审美哲学，审美哲学对民族的艺术发展有着极为重要的影响。

日本摄影艺术大师山本昌男是我非常欣赏的国际级大师。他的作品弥漫着强烈的东方哲学气息。他以现代的影像为载体，将心注入，向全世界传导古老的日本禅宗对世界本来面目的思考。这种思考可以用"侘寂"一词来表达，"侘"是指离群索居、远离社会，"寂"是指冷峻或者干涸。"侘寂"不仅仅是日本美学的最高原则，更是一种世界观。它源于小乘佛教的"三法印"（诸行无常、诸法无我、涅槃寂静），尤其是其中的"诸行无常"。它相信没有什么事物是长久的，一切都将走向衰败与死亡；没有任何东西是完美的，残缺破损才是必然；没有什么快乐是持久的，孤独忧伤才是人生的常态。侘寂就是对生命幻灭、残缺、

忧伤的欣赏。它反对理性主义，它舍弃一切虚荣，它
荒凉、惨淡和阴郁。

山本昌男的作品隐于寂静的黑底和白光之中，与
这个世界似乎隔着一层灰色的薄纱，似乎很远，又似
乎很近。他的作品尺幅很小，经常会做旧做暗；主体
经常模糊；构图极简、不对称，常有大片的白色或黑
色，形成强烈的视觉冲击（见图3-3）。

(a)

(b)

(c)

(d)

(e)

图 3-3　山本昌男的摄影作品

注：图片由作者提供。

三　将心注入，我对摄影艺术的一些思考

强烈的对比——黑与白、大与小、粗与细、动与
静，映射的是世间最刺痛人心的"分别"。人类之所以
烦恼深重，沸腾的内心里永不停歇的对比是主要原因，
超越分别达至"不二"，才是禅最高的智慧。照片中
大面积清冷的留黑或留白、模糊不清的画面，扑面而
来的，是一种孤独的、虚无缥缈的虚"空"，仿佛在
梦境中，又仿佛是从水中吐出泡泡，才刚发生，又已
幻灭。深深的"侘寂"痛入骨髓。

山本昌男用心刻意营造光影，淋漓尽致地表现了
日本的"侘寂"美学，给予我很大的启发，让我思考
中式美学的未来。

中式美学的理论基础是由庄子奠定的。庄子继承了
老子"道法自然"的观点，把自然视为审美的最高境界。
庄子认为，美的本源在于自然本性，自然之美在于事物
朴素、率真的情态。禅宗兴起后，其"空性"的思想与

庄子美学相结合，中式美学因此得到了很大的进化，于宋朝达至巅峰。宋代瓷器、山水、花鸟至今仍备受世界推崇，但非常可惜的是，它们在宋之后就衰落了。图3-4 展示的几幅宋画，皆属宋代美学中的重要作品。

（a）宋徽宗《瑞鹤图》（局部）

（b）宋徽宗《听琴图》（局部）

三　将心注入，我对摄影艺术的一些思考

（c）宋代马远《踏歌图》

（d）宋代马远《白蔷薇图页》

199

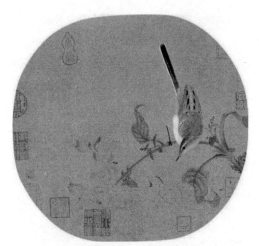

（e）宋代徐崇矩《红蓼水禽图》

图 3-4　宋画

注：图片由作者提供。

同样深受禅宗影响的宋代美学与日本侘寂美学有
何异同？我看了很多资料，并没有看到权威的说法，
我尝试以自己的理解做个比较。两者相似之处是都崇
尚极简（表达对繁杂奢华的物质、无止境的欲望的舍
弃），大量留白（暗示"虚空"，表达禅宗"空即是

色，色即是空"的思想），色彩简练，意境高远，都在追求一种超越此生、超越物质、超越世俗的更高远、更永恒的精神境界。两者最重要的不同之处是世界观不同：宋代美学推崇生命的质朴与自然，"宠辱不惊，闲看庭前花开花落；去留无意，漫随天外云卷云舒"，画面温润和谐；而日本侘寂美学是对生命幻灭、残缺、忧伤的欣赏，面对人生无常保持隐忍与谦卑，画面荒凉冷淡。由于世界观不同，所以即使同样是极简的，宋代美学的极简也比日本侘寂美学的极简更有温情。

当今日本的侘寂美学在全世界备受推崇，设计出iPhone、iMac 的乔布斯也深受影响。近半个世纪以来，日本出了一批世界级的艺术大师，如时尚界的川久保玲、山本耀司，建筑设计界的安藤忠雄、隈研吾，摄影界的森山大道、山本昌男等。相对而言，当今中式美学在国际上的影响力就小多了。我觉得，同样受禅宗影响、风格更亲和的宋代美学，作为中华文化伟大复兴的一部分，也将迎来重大的发展机遇，它可以在汲取包括日本侘寂美学养分的基础上继续进化。

应该如何进化呢？我个人认为，宋代美学最重要的特质是有温情的极简、自然与温润。要指出的是，宋代美学并非只有一种风格，这里总结的是我认为最受推崇、最精华的那部分。在保持这三个特质的基础上，我们可以尝试深度挖掘它的内涵，并不断拓展它的边界，以促进它的进化。

用摄影光影来表现宋代美学的特质，是我一直很想尝试的方向，这需要将心注入，在作品的意境、构图、色彩等方面进行精心设计。上一小节介绍了两张摄影获奖作品，虽然乌林鸮和猎豹从来没在宋画中出现过，其构图也与传统不太相同，但我仍然觉得它们是符合我所总结的宋代美学的三个特质的。不揣冒昧，再奉上几张照片以抛砖引玉。

《悠然自得》（见图 3-5）拍摄于纳米比亚红沙漠。沙丘曲线非常优美。黄昏时分，夕阳斜照，不同朝向的沙丘侧面明暗反差极为强烈。向阳面呈现出非常迷人的金黄色。沙丘四周生长着一些低矮的针叶状的灌木。一只小小的箭羚慢悠悠地走近巨大的沙丘，吃草时的那份悠然自得，令人动容。

© 李国飞

图 3-5　《悠然自得》

《寂寞无边》（见图 3-6）拍摄于埃塞俄比亚。一只白鹭在广袤的非洲大草原上孤独地飞行。

©李国飞

图 3-6 《寂寞无边》

《蜂鸟》(见图 3-7)摄于秘鲁,共两张照片。一只小小的蜂鸟在花枝上吮吸花蜜,作品题材、色调和质感颇有传统苏绣的韵味。

©李国飞

图 3-7 《蜂鸟》

《一代人》（见图 3-8）摄于加拿大班夫。一只
雪鸮在黑暗冬夜的漫天风雪中静静伫立，黑色的眼睛
审视着这个世界。作品名称源于一首诗歌名篇《一代
人》："黑夜给了我黑色的眼睛，我却用它寻找光明。"

© 李国飞

图 3-8 《一代人》

《荆棘鸟》（见图 3-9）摄于非洲埃塞俄比亚。一
只花蜜鸟从荆棘丛中掠过，画面中一根尖刺穿过它的
头部。传说荆棘鸟是一种奇特的动物，它一生只唱一

次歌。它离开巢后，便一直执着寻找荆棘树。在如愿以
偿时，它会把自己娇小的身体扎到一株最长、最尖的荆
棘上，流着血泪、放声歌唱。那凄美动人、婉转如霞的
歌声使人间所有的声音刹那间黯然失色！一曲终了，荆
棘鸟终于气竭命殒，以身殉歌。它以惨烈和悲壮塑造了
永恒的美丽，给人们留下一段悲怆的绝唱。

© 李国飞

图 3-9 《荆棘鸟》

《岁月静好》(见图 3-10) 摄于博茨瓦纳。湖面上一只黑翅长脚鹬优雅地独脚立于水中，时光仿佛已经暂停，一切都那么安静美好。

© 李国飞

图 3-10 《岁月静好》

《弄潮儿》(见图 3-11) 拍摄于南非瀑布崖。南非瀑布崖的海浪被誉为全世界最美丽的海浪。海水激涌至岸边拍打礁石,风一吹化为白烟。照片中一只海豚从烟浪中穿出,高高跃起。

© 李国飞

图 3-11 《弄潮儿》

《秃鹫与金合欢》(见图 3-12) 摄于肯尼亚。我们在马赛马拉大草原上遇到一棵姿态非常优雅、生机勃勃的金合欢树,平坦的树冠上有一只秃鹫正在四处张望。如果发现有动物快死亡,它就会飞起觅食。秃鹫是死亡的使者,它与代表生命活力的金合欢完美共处,

令人对生命的轮回十分感慨。我对这张照片做了很多
后期处理，尝试通过强烈和鲜明的颜色组合，以一种
更魔幻、更当代的方式来表现生命的这个主题。这个
风格可以说是传统宋代美学与当代魔幻现实主义的一
个结合。

©李国飞

图 3-12 《秃鹫与金合欢》

《红粉佳人》（见图 3-13）摄于秘鲁。一只非常美丽的伞鸟站立枝头。说到探索宋代美学与现代艺术的结合，这张照片走得更远。缤纷的颜色看似复杂，却是我精心安排的，温情和谐。但是，我确实不知道有多少朋友能够认可这也是一种比较另类的宋代美学，不过我觉得总要有人探索新的道路。

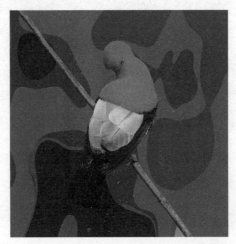

© 李国飞

图 3-13 《红粉佳人》

无处不是修心的道场

以上是我以禅这个视角对摄影艺术的一些感悟。这个世界的本质就是虚空，一切事物都只是一些因缘暂时的、脆弱的聚合，既可打破，亦可重构，甚至还能无中生有。你可以把某种"意义"注入你的作品里，震撼人心，你还可以把一种全新的"观念"注入你的作品里，一种新的艺术风格就可能因此横空出世了。这是我们强大的心"心生万法"的产物。"意义"或"观念"都是很抽象的东西，而现代摄影艺术的趋势就是越来越抽象。抽象可能比具象更有深度，更能激发丰富的想象力。

宋代美学蕴含禅与庄子心法相结合而进化出的美学思想，卓越不凡，据说曾经领先世界1 000年，但是这种美学在宋之后就衰落了，非常可惜。我把它与同样深受禅宗影响的日本侘寂美学做了对比以厘清思路，并抛砖引玉。期待它继续进化，在世界上再领风骚。

禅法在世间，不离世间觉。担水砍柴，无非妙道，投资摄影，即是禅修。无论是茫茫大海、荒野大漠，还是山村花径、明月高楼，将心注入按下快门之时，无处不是修心的道场。

> 本文首发于 2020 年 5 月 11 日，于 2022 年 10 月做了较大修改

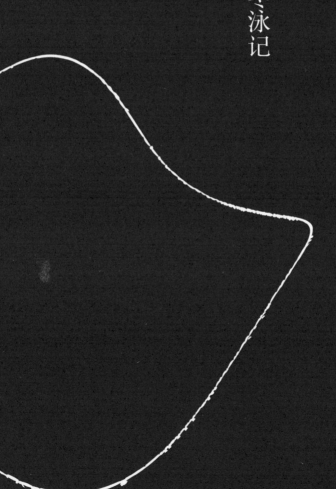

四

生命之美，冬泳记

洞悉恐惧虚幻的本质，内心就会滋长直面恐惧的勇气。

四 生命之美，冬泳记

刚过去的长春冬泳，如此刻骨铭心，意义重大，长文以记之。

12月16日傍晚，我从深圳飞抵长春，目的：冬泳。当晚零下20度，大雪纷飞，朔风怒号。晚饭后回到宾馆，热身一下，拧开浴室的冷水花洒，哆哆嗦嗦冲进水里。水温10度左右，寒气直透骨髓，冻得人非常痛苦，20秒即草草洗完澡，心情顿时沉重起来。晚上宴请我的长春同学志刚打电话过来，问我是否决定明天一早仍然冬泳。我的革命激情被这个冷水澡打击得厉害，口气都软了，就说还是去吧，先参观一下，实在不行，明年再来。听着室外没完没了的风雪声，一宵辗转难眠，心里实在很害怕，而且越想越怕。毕竟我是个生活在热带的广东人，从小对"冷"的经验极为有限，活到26岁才第一次见到下雪，对冰天雪地的那种冷有一种近乎本能的巨大的恐惧。本次冬泳的准备工作是：出发前10天，在十八九度水温的深圳泳池里"冬泳"了四五次，冲了七八天冷水澡，仅此而已。

但是，为什么要来长春冬泳呢？是为了满足英雄情结？是为了挑战自我极限？是为了向我的偶像王石致敬？还是为了给我的小孩大龙、小凤做个榜样？可能都有一点吧。几年前，曾看见一本书里写道："年轻时不疯狂一点，等年纪大的时候用什么来回忆呢？"心灵颇受震动。这几年，我去过不少地方探险，其中不乏一些比较艰苦的行程，例如，4天登顶非洲第一高峰乞力马扎罗；在尼泊尔的深山密林中暴走14天，登上珠峰南麓；在地表四五十度的沙漠和戈壁中4天

四　生命之美，冬泳记

徒步了 130 公里；等等。但是在进行这些活动时，我都是斗志昂扬的，而这次决定去长春冬泳后，还在深圳时，我就感受到了前所未有的沉重压力和无法抑制的胆颤心惊。

17 日一早起床，掀开窗帘，触目所及，风雪漫天，白茫茫一遍，温度计指向零下 29 度，呵气可成冰，窗外的南湖（就是一会儿我将要跳冰窟的地方）结了厚厚的冰。五脏六腑开始悄悄地纠结成一团，隐隐作疼，气都有点喘不过来，我赶紧用力一扯，拉上窗帘。

坐志刚的车来到南湖某处，我们顶着风雪在冰面上走了好一会儿才一睹冰窟的庐山真面目。冰窟直径 10 米左右，一个人工搭的不锈钢矮梯斜插入窟中，冰面白得晃眼，冰窟内黯淡无光，水面上飘着很多冰碴子，一动不动，很脏的样子，像是吃剩的一锅排骨冬瓜汤，无精打采地咝咝冒着冷气。天地间，它既孤独又失落，自暴自弃，对人不理不睬。寒风夹着大片大片的雪花打在我的脸上，我脱掉手套试着把手暴露在空气中，才五六秒就冻得受不了。眼前的这一切都是真的吗？我呆呆地盯住水面，默默无语，一颗心如坠冰窟。

有人领着我转身走进供冬泳者更衣和沐浴的小屋，里面有十几位 60 岁上下的老头子。我介绍说我从深圳来，从来没有冬泳过，不知有没有可能试一试。屋子里立刻炸开了锅。一位老头子说，即使是土生土长的长春人也只有极少数人试过冬泳，来这里的人普遍都有多年的冬泳经验，而且他们一般从入冬就来，慢慢地一点点适应，今天是长春今年冬天最冷的一天，零下 29 度，水温 1 度，雪大还好，风大最可怕，像我这种毫无经验的人居然也敢来尝试，他是从来没有遇到过的。有人问我平时身体如何，心脏有没有问题

四 生命之美，冬泳记

（我的心脏幸好非常健康，否则是肯定不可以冬泳的），有人直摇头，说怕我受不了。

正当我忐忑万分之时，一位个头不高的老头子主动迎上前来。旁人介绍道，他是著名电影《英雄儿女》中英雄王成的扮演者（刘世龙），今年已经高寿80多岁了。他精神矍铄，眉宇间豪情不减当年。他说自己平时在儿子那里（深圳）养老，冬天回长春主要就是为了冬泳，基本每天都来。我问他："我行吗？"他说："行！当然行！我都行，你为什么不行？！"他又说："就当你在岸边忽然见到一个小朋友掉到冰窟里去了，你救不救他？你跳下去就是了！"旁边几位老同志非常有义气，纷纷响应，大声说要陪我一起下去，并且会邀大伙给我打气助威。受到他们的热情鼓励，我一时士气大振，一种在心中压抑已久的东西一瞬间就爆发了！跳！跳！跳！管不了那么多了！我三下两下扒下外衣，只剩下一条泳裤，一边高声大叫着为自己壮

胆，一边和一群老英雄一起，一挥手掀开帘子，进入
雪地。

真冷啊！呼啸的风雪如鞭子一般抽打着光溜溜的
身体。在老英雄"王成"的提议下，我与大伙下水前
在风雪中合影留念。然后，我呲牙咧嘴一路小跑，跑
到钢梯那里颤抖着抓着扶手，下到冰窟边，弯腰用手
捧些水擦擦身体，再擦擦，好冷好冷，冷得要命，再
使劲擦擦，还是冷。双脚磨蹭着终于挪到了最后一级
台阶处，呼吸越来越急促，心一阵狂跳！脚像绑了千
斤巨石，动弹不得。旁边的所有人都急着大声鼓励我，
嚷着让我一个猛劲扎下去！快点！别磨蹭，不然越整
越凉！快点！快跳！我后来回忆，当时我就像在一个
空旷的房间里，忽然有很多大喇叭一起响起来，弱小
的我受了一惊，茫然无措，头脑一片空白。

《金刚经》说："凡所有相，皆是虚幻，若见诸相

非相，即见如来。"这两天来，包括此刻，我在心中时时默念这句经文。

事已至此，退无可退，唯有一搏！鼓足平生所有勇气，我一个猛子往水里扎了下去。这是一个完全未知的世界。冰水像锋利的刀子一般，冷嗖嗖地划过我的脸，接着是我的胸膛，然后是我的肚皮、我的大腿，直至我的每一根脚趾。一种丝丝入扣的彻骨深寒，刹时猛烈地渗进我被"划破"的皮肤，然后深深地融入我的每一个细胞之中。

我的身体继续往冰窟深处探去。是由于太冰冷了吗？时间似乎也被冻得缓慢下来，记忆中我的动作都成了电影中的慢动作。当我的手指悄无声息地接近池底的时候（其实冰窟并不太深），我起跳时由于恐惧和亢奋而炽热的大脑已经彻底冷静和清醒了。当我的身体与冰冷融为一体，我就是冰冷本身，这也不过如此，当我的内心接受了这个改变，恐惧忽然间神奇地消失了，信心开始迅速地滋长！由于强大的浮力的作用，我的头很快就被浮出了水面，周围一片欢呼声。

我狂喜地高举双手，为自己庆祝。有人说试过了就上水吧，我已经不再害怕，我说我再扑腾一下，接着再次扎入水里，一口气游到冰窟的另外一边，没想到头碰到了一块大冰块（后来我才发现坚硬的冰碴子把我的头皮两处都划破出血了），于是我赶紧往回游。在冰水中多浸了一会，我才真切地感受到它的淫威。我的耳朵很快冻得疼起来，我的脸皮像被刀子轻轻割了一下，才有一点儿痛，然后很快就变得麻木。出发前我看过资料，在接近0度的冰水里冬泳，一般只能停留1分钟，否则时间长了身体会失温，就会有危险（后来志刚对我说我在水里游了46秒）。我拼命划着水，回到出发时的阶梯处，迅速上水，披上浴巾往沐浴室跑。

四　生命之美，冬泳记

说来令人难以置信，淋浴的水和昨晚洗冷水澡的水温度是一样的，都只有 10 度左右，但此刻我却觉得温暖无比，甚至有点发烫。擦干身体后，我看到皮肤通体赤红，没有马上穿衣服，闭上眼睛，千百股暖流从脚底缓缓流出，汇聚到心口，然后往四肢、头顶源源不断地流淌，最后再冲向皮肤的末梢，每一个毛孔都无比舒畅，仿佛夜空中悄悄地绽放着无数美丽的小烟花。全身热气蒸腾，人的精力无比旺盛，自信心空前强大，生命之美，竟至如斯！老同志告诉我，这是冬泳者最享受、最销魂的时刻。就这个意义而言，我甚至认为，一个人，如果没有尝试过冬泳，未曾享受过如此美妙的时刻，就是人生的一种缺憾！

和老英雄们一一道谢惜别，回到宾馆后，我仍旧非常兴奋。我以前看过一篇报道，游客乘破冰船去北极圈，船上有个活动，如果你有勇气在零下几十度跳入北冰洋，就可以获得一个"全世界最勇敢的人"证书。北冰洋的水温再低也不过就是1度，我在长春敢跳，在北冰洋跳想必也不难。正所谓人生得意，豪情万丈，我打开电脑登上QQ，在签名里写道："46秒！零下29度，水温1度，传说中的冰窟冬泳，我做到了！梦想是海洋，下一目标：北极圈，畅泳北冰洋！"

这就是我的冬泳故事。和以往的经历相比，冬泳并非最艰难的，却是我从一开始就直面恐惧、备受煎熬、深受摧残的一次经历。将跳未跳之际，人的恐惧到达极点。从非常恐惧，到信心陡增，仅在一念之间，可见诸相皆空，所言非虚。人至绝境奋力相搏，头脑中的成见被打破，反而成就了彻悟的机会。直面恐惧而不是回避，做好准备并坦然接受可能的改变，我们内心的力量就会增长，恐惧亦可化菩提。人生充满了种种不确定性，正因如此，也就充满了无数机遇，就看你有没有勇气克服恐惧去试一试。"无知者无畏"，不正是推动这个美好世界持续进步的源动力吗？

深究恐惧的本质，真正令人恐惧的，只是"恐惧"本身而已。恐惧一事，如深山古洞，不见天日，直至有一天，燃起一烛，千年昏暗，尽扫一空！烛在何处？烛在心中。举起这支烛，就是"行动"本身。

| 本文首发于 2009 年 12 月 24 日晚

致
谢

感谢宗教文化出版社的领导和编辑们，特别是任继春社长、赵忠海副社长、崔莹、卫菲；感谢湛庐文化的领导和编辑们，没有你们的艰辛努力与通力合作，这本书就不可能顺利出版。

感谢为本书精心写序的邱国鹭、陈光明、释永由纪夫和释本性法师。

感谢为本书的出版牵线搭桥的我的老同事唐中。

感谢身在日本的朋友释永维、钟雯婷、坂之上洋子、王灿云和松峰莉璃的支持和帮助。

　　我在写作过程中得到了很多朋友的帮助：他们或者直接提供修改意见，或者提供写作素材，或者帮助我编辑排版。感谢蔡川、申文风、徐健、余晓光、李科、童成墩、戴佳、杨洁琼、陈烨秋雨、陈修竹、高丽、陈思嘉、于海芸、谢强、郭坚文、陈康华、吴志芳、Tim、北平、酷鱼、许单单、彭颖、董维维、李丽、伍蔷、林仰霖、那莹莹、张立明、单增辉、慧彬师兄、申文师兄、陈珊、林映希、周吟菡、刘婷、杨洋等。

[1] 凯文·凯利.失控：全人类的最终命运和结局 [M].
张行舟，陈新武，王钦，等译.北京：电子工业
出版社，2016.

[2] 凯文·凯利.必然 [M].周峰，董理，金阳，译.北
京：电子工业出版社，2016.

[3] 华为大学.熵减：华为活力之源 [M].北京：中信
出版社，2019.

[4] 释迦摩尼.金刚经 [M].鸠摩罗什，译.丁福保，

注.上海：上海古籍出版社，2020.

[5] 南怀瑾.花雨满天 维摩说法 [M].上海：复旦大学
出版社，2016.

[6] 惠能.六祖坛经 [M].李明，注.长沙：岳麓书社，
2016.

[7] 铃木俊隆.禅者的初心 [M].梁永安，译.海口：
海南出版社，2012.

[8] 一行禅师.心力 [M].贤祥，译.海口：海南出版
社，2012.

[9] 冯友兰.中国哲学简史 [M].北京：北京大学出版
社，2013.

[10] 毛泽东选集 [M]. 北京：人民出版社，1991.

[11] 王阳明. 传习录 [M]. 叶圣陶，校. 北京：中共中央党校出版社，2018.

[12] 沃尔特·艾萨克森. 史蒂夫·乔布斯传 [M]. 管延圻，等译. 北京：中信出版社，2011.

[13] 克里斯安·布伦南. 苹果上的缺口 [M]. 徐娟，柳筠，译. 南京：江苏凤凰文艺出版社，2015.

[14] 李小龙. 生活的艺术家 [M]. 北京：北京联合出版公司，2013.

[15] 南怀瑾. 如何修证佛法 [M]. 北京：东方出版社，2017.

[16] 爱德华·德波诺．水平思考：如何开启创造力 [M]．王瑶，译．北京：中国人民大学出版社，2018．

[17] 稻盛和夫．活法 [M]．曹岫云，译．北京：东方出版社，2019．

[18] 百度新闻，网易科技．苹果艾维：乔布斯教会我如何"保持专注"．

[19] 搜狐新闻．乔布斯在斯坦福大学 2005 年毕业典礼上演讲．

[20] 雅楠．乔布斯《遗失的访谈》全文：尘封 16 年的预见．

未来，属于终身学习者

我这辈子遇到的聪明人（来自各行各业的聪明人）没有不每天阅读的——没有，一个都没有。巴菲特读书之多，我读书之多，可能会让你感到吃惊。孩子们都笑话我。他们觉得我是一本长了两条腿的书。

——查理·芒格

互联网改变了信息连接的方式；指数型技术在迅速颠覆着现有的商业世界；人工智能已经开始抢占人类的工作岗位……

未来，到底需要什么样的人才？

改变命运唯一的策略是你要变成终身学习者。未来世界将不再需要单一的技能型人才，而是需要具备完善的知识结构、极强逻辑思考力和高感知力的复合型人才。优秀的人往往通过阅读建立足够强大的抽象思维能力，获得异于众人的思考和整合能力。未来，将属于终身学习者！而阅读必定和终身学习形影不离。

很多人读书，追求的是干货，寻求的是立刻行之有效的解决方案。其实这是一种留在舒适区的阅读方法。在这个充满不确定性的年代，答案不会简单地出现在书里，因为生活根本就没有标准确切的答案，你也不能期望过去的经验能解决未来的问题。

而真正的阅读，应该在书中与智者同行思考，借他们的视角看到世界的多元性，提出比答案更重要的好问题，在不确定的时代中领先起跑。

湛庐阅读App：与最聪明的人共同进化

有人常常把成本支出的焦点放在书价上，把读完一本书当作阅读的终结。其实不然。

时间是读者付出的最大阅读成本

怎么读是读者面临的最大阅读障碍

"读书破万卷"不仅仅在"万"，更重要的是在"破"！

现在，我们构建了全新的"湛庐阅读"App。它将成为你"破万卷"的新居所。在这里：

● 不用考虑读什么，你可以便捷找到纸书、电子书、有声书和各种声音产品；

● 你可以学会怎么读，你将发现集泛读、通读、精读于一体的阅读解决方案；

● 你会与作者、译者、专家、推荐人和阅读教练相遇，他们是优质思想的发源地；

● 你会与优秀的读者和终身学习者为伍，他们对阅读和学习有着持久的热情和源源不绝的内驱力。

下载湛庐阅读 App，
坚持亲自阅读，
有声书、电子书、阅读服务，
一站获得。

CHEERS

本书阅读资料包
给你便捷、高效、全面的阅读体验

本书参考资料

- ☑ **参考文献**
  为了环保、节约纸张，部分图书的参考文献以电子版方式提供

- ☑ **主题书单**
  编辑精心推荐的延伸阅读书单，助你开启主题式阅读

- ☑ **图片资料**
  提供部分图片的高清彩色原版大图，方便保存和分享

相关阅读服务

- ☑ **电子书**
  便捷、高效，方便检索，易于携带，随时更新

- ☑ **有声书**
  保护视力，随时随地，有温度、有情感地听本书

- ☑ **精读班**
  2~4周，最懂这本书的人带你读完、读懂、读透这本好书

- ☑ **课 程**
  课程权威专家给你开书单，带你快速浏览一个领域的知识概貌

- ☑ **讲 书**
  30分钟，大咖给你讲本书，让你挑书不费劲

湛庐编辑为你独家呈现
助你更好获得书里和书外的思想和智慧，请扫码查收！

（阅读资料包的内容因书而异，最终以湛庐阅读App页面为准）

图书在版编目（CIP）数据

乔布斯、禅与投资 / 李国飞著 . -- 北京：宗教文化出版社，2021.9
（2023.5 重印）

ISBN 978-7-5188-1206-6

Ⅰ . ①乔… Ⅱ . ①李… Ⅲ . ①禅宗—影响—乔布斯 (Jobs, Steve Paul
1955-2011) —人物研究 Ⅳ . ① K837.125.38 ② B946.5

中国版本图书馆 CIP 数据核字（2021）第 227699 号

上架指导：管理 / 投资 / 个人修行

乔布斯、禅与投资
李国飞　著

出版发行：宗教文化出版社

地　　址：北京市西城区后海北沿 44 号（100009）

电　　话：64095215（发行部）　64095234（编辑部）

责任编辑：宗文

印　　刷：唐山富达印务有限公司

版本记录：880 毫米 × 1230 毫米　32 开　8.5 印张　111 千字
　　　　　2023 年 4 月第 1 版　2023 年 5 月第 2 次印刷

书　　号：ISBN 978-7-5188-1206-6

定　　价：99.90 元